İltihap Karşıtı Mutfağı
Sağlıklı Yaşamın Anahtarı

Zeynep Yılmaz

Özet

Mantar ve ıspanaklı çırpılmış yumurta

Porsiyon: 1

İçindekiler:

2 yumurta akı

1 dilim kepekli tost

½ c. dilimlenmiş taze mantarlar

2 yemek kaşığı. Rendelenmiş yağsız Amerikan peyniri

Biber

1 çay kaşığı. yağ

1 c. doğranmış taze ıspanak

1 bütün yumurta

Belirteçler:

1. Orta-yüksek ateşte yapışmaz bir kızartma tavası yerleştirin ve yağı ekleyin. Tavayı kaplamak için yağı döndürün ve bir dakika ısıtın.

2. Ispanak ve mantarları ekleyin. Ispanak solana kadar yaklaşık 2 ila 3 dakika soteleyin.

3. Bu arada bir kapta yumurtayı, yumurta aklarını ve peyniri iyice çırpın.

Biberle tatlandırın.

4. Yumurta karışımını tavaya dökün ve yumurtalar pişene kadar yaklaşık 3 ila 4 dakika karıştırın.

5. Kepekli kızarmış ekmekle servis yapın ve tadını çıkarın.

<u>Beslenme bilgileri:</u>Kalori: 290,6, Yağ: 11,8 gr, Karbonhidrat: 21,8 gr, Protein: 24,3 gr, Şeker: 1,4 gr, Sodyum: 1000 mg

Kahvaltıda lezzetli krepler

Porsiyon: 4

Pişirme süresi: 6 dakika

İçindekiler:

½ su bardağı badem unu

½ bardak tapyoka unu

1 bardak hindistan cevizi sütü

½ çay kaşığı biber tozu

¼ çay kaşığı zerdeçal tozu

½ kırmızı soğan, doğranmış

1 avuç kıyılmış kişniş yaprağı

½ inç zencefil, rendelenmiş

1 çay kaşığı tuz

¼ çay kaşığı öğütülmüş karabiber

Belirteçler:

1. Bir kapta tüm malzemeleri iyice karışana kadar karıştırın.

2. Tavayı orta-düşük ateşte ısıtın ve yağla yağlayın.

3. Hamurun ¼ fincanını tavaya dökün ve karışımı krep oluşturacak şekilde yayın.

4. Her iki tarafını da 3'er dakika kızartın.

5. Hamur hazır olana kadar işlemi tekrarlayın.

<u>Beslenme bilgileri:</u>Kalori 108 Toplam yağ 2 g Doymuş yağ 1 g Toplam karbonhidrat 20 g Net karbonhidrat 19,5 g Protein 2 g Şeker: 4 g Lif: 0,5 g Sodyum: 37 mg Potasyum 95 mg

Akçaağaç Kahveli Frappe

Porsiyon: 2

İçindekiler:

1 yemek kaşığı. şekersiz kakao tozu

½ c. az yağlı süt

2 yemek kaşığı. Saf akçaağaç şurubu

½ c. taze kahve

1 küçük olgun muz

1 c. az yağlı vanilyalı yoğurt

Belirteçler:

1. Muzu bir blender veya mutfak robotuna yerleştirin ve karıştırın.

2. Geri kalan malzemeleri ekleyip pürüzsüz ve kremsi bir karışım elde edene kadar çırpın.

3. Hemen servis yapın.

<u>Beslenme bilgileri:</u>Kalori: 206, Yağ: 2 gr, Karbonhidrat: 38 gr, Protein: 6 gr, Şeker: 17 gr, Sodyum: 65 mg

Fıstık Ezmeli Çikolatalı Badem Unlu Muffinler

Porsiyon: 6

Pişirme süresi: 25 dakika

İçindekiler:

1 su bardağı badem unu

1 çay kaşığı kabartma tozu

1/8 çay kaşığı tuz

½ bardak eritritol

1/3 bardak badem sütü, şekersiz

2 organik yumurta

1/3 bardak fıstık ezmesi, şekersiz

2 yemek kaşığı kakao çekirdeği

Belirteçler:

1. Fırını açın, sıcaklığı 350°F'a ayarlayın ve ön ısıtmaya bırakın.

2. Bu arada unu bir kaseye koyun, mayayı, tuzu ve eritritol'ü ekleyip pürüzsüz hale gelinceye kadar karıştırın.

3. Daha sonra sütü dökün, yumurtaları ve fıstık ezmesini ekleyin, birleşene kadar çırpın ve ardından kakao çekirdeklerini ekleyin.

4. Altı fincanlık muffin kalıbını alın, muffin kalıbını kaplara yerleştirin, hazırlanan hamurla eşit şekilde doldurun ve muffinler pişip altın rengi kahverengi olana kadar 25 dakika pişirin.

5. Bittiğinde, muffinleri tamamen soğuması için bir tel rafa aktarın, her bir muffini folyoya sarın ve beş güne kadar buzdolabında saklayın.

6. Yemeye hazır olduğunuzda kekleri servis edin.

<u>Beslenme bilgileri:</u>Kalori 265, toplam yağ 20,5 gr, toplam karbonhidrat 2 gr, protein 7,5 gr

lezzetli soya peyniri

Porsiyon: 4

Pişirme süresi: 20 dakika

İçindekiler:

2 çay kaşığı kızarmış susam yağı

1 çay kaşığı pirinç sirkesi

2 yemek kaşığı düşük sodyum soya sosu

½ çay kaşığı soğan tozu

1 çay kaşığı sarımsak tozu

1 blok tofu, küp şeklinde

1 kaşık patates nişastası

Belirteçler:

1. Bir kapta tofu ve patates nişastası dışındaki tüm malzemeleri karıştırın.

2. İyice karıştırın.

3. Tofuyu kaseye ekleyin.

4. 30 dakika marine etmeye bırakın.

5. Tofuya patates nişastası serpin.

6. Tofuyu hava fritözü sepetine ekleyin.

7. Yarı yolda sallayarak 20 dakika boyunca 370 derece F'de kızartın.

Peynirli ve kekikli karnabahar

Porsiyon: 2

Pişirme süresi: 15 dakika

İçindekiler:

½ su bardağı rendelenmiş mozarella

¼ bardak rendelenmiş parmesan

¼ büyük karnabahar başı

½ bardak lahana

1 büyük organik yumurta

1 sap yeşil soğan

½ yemek kaşığı zeytinyağı

½ çay kaşığı sarımsak tozu

¼ çay kaşığı tuz

½ yemek kaşığı susam

1 çay kaşığı taze kekik, doğranmış

¼ çay kaşığı kırık karabiber

Belirteçler:

1. Karnabaharı bir mutfak robotuna yerleştirin, frenk soğanı, alabaşlar ve kekiği ekleyin ve pürüzsüz hale gelinceye kadar 2 ila 3 dakika karıştırın.

2. Karışımı bir kaseye dökün, kalan malzemeleri ekleyin ve birleşene kadar karıştırın.

3. Waffle makinesini yakın, yağla yağlayın ve sıcakken hazırlanan hamurun yarısını dökün, kapağını kapatın ve altın rengi oluncaya kadar pişirin ve ayarlayın.

4. Bittiğinde waffle'ları bir tabağa aktarın ve kalan hamurla aynı şekilde başka bir waffle pişirin.

5. Hemen servis yapın.

<u>Beslenme bilgileri:</u>Kalori 144, Toplam Karbonhidrat 8,5, Toplam Yağ 9,4g, Protein 9,3g, Şeker 3g, Sodyum 435mg

Tatlı Mısırlı Muffinler

Porsiyon: 1

İçindekiler:

1 yemek kaşığı. sodyum içermeyen kabartma tozu

¾ c. süt içermeyen süt

1 çay kaşığı. Saf vanilya özü

½ c. şeker

1 c. beyaz kepekli un

1 c. Mısır unu

½ c. kanola yağı

Belirteçler:

1. Fırını önceden 400°F'a ısıtın. 12'li muffin tepsisini alüminyum folyo ile kaplayın ve bir kenara koyun.

2. Mısır unu, un, şeker ve mayayı bir kaseye koyun ve iyice karıştırın.

3. Süt içermeyen sütü, yağı ve vanilyayı ekleyip iyice karıştırın.

4. Hamuru muffin kaplarına eşit şekilde paylaştırın. Muffin kalıbını fırının orta rafına yerleştirin ve 15 dakika pişirin.

5. Fırından çıkarın ve soğuması için tel ızgara üzerine yerleştirin.

<u>Beslenme bilgileri:</u>Kalori: 203, Yağ: 9 gr, Karbonhidrat: 26 gr, Protein: 3 gr, Şeker: 9,5 gr, Sodyum: 255 mg

Taze ve meyveli semifreddo

Porsiyon: 2

Pişirme süresi: 0 dakika

İçindekiler:

½ bardak taze ahududu

Bir tutam tarçın

1 çay kaşığı akçaağaç şurubu

2 yemek kaşığı chia tohumu

16 ons sade yoğurt

Taze meyve: böğürtlen, nektarin veya dilimlenmiş çilek<u>Belirteçler:</u>

1. Ahududuları bir kasede çatal kullanarak jöle kıvamına gelinceye kadar ezin. Tarçın, şurup ve chia tohumlarını ekleyin. Tüm malzemeler birleşene kadar yoğurmaya devam edin. Kenara koymak.

2. İki servis bardağına dönüşümlü olarak yoğurt ve karışımı katlayın.

Taze meyve dilimleri ile süsleyin.

<u>Beslenme bilgileri:</u>Kalori 315 Yağ: 8,7 g Protein: 19,6 g Sodyum: 164 mg
Toplam karbonhidrat: 45,8 g Diyet lifi: 6,5 g

Krem Peynirli Somon Tost Porsiyon: 2

Pişirme süresi: 2 dakika

İçindekiler:

Kepekli veya çavdarlı tost, iki dilim

Kırmızı soğan, ince doğranmış, iki yemek kaşığı

Krem peynir, az yağlı, iki yemek kaşığı

Fesleğen gevreği, yarım çay kaşığı

Roka veya doğranmış ıspanak, 1/2 bardak

Füme somon, iki ons

Belirteçler:

1. Buğday ekmeğini kızartın. Krem peynir ve fesleğeni karıştırıp bu karışımı tost ekmeğinin üzerine sürün. Somonu, rokayı ve soğanı ekleyin.

<u>Beslenme bilgileri:</u>Kalori 291 yağ 15,2 gram karbonhidrat 17,8

gram şeker 3 gram

Fındık ve muz ile pişmiş yulaf ezmesi

porsiyonları

Porsiyon: 9

Pişirme süresi: 40 dakika

İçindekiler:

Haddelenmiş yulaf - 2,25 su bardağı

Ezilmiş muz - 1 su bardağı

Yumurtalar - 2

Hurma ezmesi – 2 yemek kaşığı

soya fasulyesi yağı - 3 yemek kaşığı

Badem sütü, şekersiz – 1 su bardağı

Vanilya özü – 1 çay kaşığı

Deniz tuzu - 0,5 çay kaşığı

Tarçın - 1 çay kaşığı

Kabartma tozu - 1 çay kaşığı

Kıyılmış ceviz - 0,5 su bardağı

Belirteçler:

1. Fırını 350 Fahrenheit dereceye ısıtın ve yapışmayı önlemek için sekize sekizlik bir pişirme kabını yağlayın veya parşömen kağıdıyla kaplayın.

2. Bir kapta hurma ezmesini muz püresi, badem sütü, yumurta, soya fasulyesi yağı ve vanilyayla karıştırın. Bu karışımı, hurma ezmesi diğer malzemelerle topak kalmayacak şekilde tamamen birleşene kadar çırpın. Ama muz püresinin parçaları iyi.

3. Yulaf ezmesini, tarçını, deniz tuzunu ve kabartma tozunu muz karışımına karıştırın, ardından doğranmış cevizleri yavaşça ekleyin.

4. Muz ve yulaf birleştirildikten sonra karışımı hazırlanan tavanın tabanına yayın ve tavayı sıcak fırının ortasına yerleştirin. Yulaflar altın rengi ve sert oluncaya kadar yaklaşık otuz ila otuz beş dakika pişirin. Pişmiş yulaf tabağını fırından çıkarın ve servis yapmadan önce en az beş dakika soğumasını bekleyin. Tek başına veya taze meyve ve yoğurtla tüketilebilir.

Patates ve Fasulye

Porsiyon: 4

Pişirme süresi: 50 dakika

İçindekiler:

doğranmış patates - 4 su bardağı

Dilimlenmiş mantarlar - 0,5 su bardağı

doğranmış dolmalık biber - 1

doğranmış kabak - 1 su bardağı

Sarı kabak, doğranmış - 1 su bardağı

Pişmiş barbunya fasulyesi - 1,75 su bardağı

Karabiber, öğütülmüş - 0,25 çay kaşığı

Öğütülmüş kırmızı biber - 0,5 çay kaşığı

Deniz tuzu - 0,5 çay kaşığı

Soğan tozu - 1,5 çay kaşığı

Sarımsak tozu - 1,5 çay kaşığı

Belirteçler:

1. Fırını 425 Fahrenheit dereceye ısıtın ve büyük bir alüminyum fırın tepsisini parşömen kağıdıyla kaplayın.

2. Küp küp doğradığınız patatesleri tepsiye ekleyin ve deniz tuzu ve karabiberle tatlandırın. Baharatlı doğranmış patatesleri yirmi beş dakika kızartmak için fırına koyun. Patatesleri çıkarın ve iyice karıştırın.

3. Bu arada, kalan haşhaş malzemelerini fırına dayanıklı büyük bir tavada karıştırın. Kısmen kavrulmuş patatesleri soteledikten sonra patates tepsisini ve sebze tepsisini fırına yerleştirin. Her iki porsiyon haşhaşın da on beş dakika daha pişmesine izin verin.

4. Kızartma tavasını ve kızartma tavasını fırından çıkarın ve tavanın içindekileri kavrulmuş patateslerle karıştırın. Tek başına veya yumurta ile servis yapın.

Badem Ballı ve Ricotta'lı Şeftali

Porsiyon: 6

Pişirme süresi: 0 dakika

İçindekiler:

Yayılma

Süzme peynir, yağsız süt, bir bardak

Bal, bir çay kaşığı

Badem, ince dilimlenmiş, yarım su bardağı

Badem özü, çeyrek çay kaşığı

Sert

Şeftali, dilimlenmiş, bir bardak

Tam tahıllı ekmek, simit veya kızarmış ekmek

Belirteçler:

1. Badem özü, bal, ricotta ve bademleri karıştırın. Bu karışımdan bir kaşık dolusu kızarmış ekmeğin üzerine sürün ve üzerine şeftalileri ekleyin.

<u>Beslenme bilgileri:</u>Kalori 230 Protein 9 gram Yağ 8 gram Karbonhidrat 37 gram Lif 3 gram Şeker 34 gram

Kabaklı Ekmek

Porsiyon: 6

Pişirme süresi: 70 dakika

İçindekiler:

Beyaz buğday unu - 2 su bardağı

Kabartma tozu – 1 çay kaşığı

Kabartma tozu - 2 çay kaşığı

Deniz tuzu - 0,5 çay kaşığı

Tarçın, öğütülmüş - 2 çay kaşığı

Yumurta, büyük - 1

Vanilya özü – 1 çay kaşığı

Şekersiz elma püresi - 0,5 su bardağı

Rendelenmiş kabak - 2 su bardağı

Lakanto Monk Meyve Tatlandırıcı - 0,75 su bardağı

Belirteçler:

1. Fırını 350 Fahrenheit dereceye ısıtın ve dokuz x beş inçlik bir fırın tepsisini parşömenle kaplayın veya yağlayın.

2. Büyük bir kapta elma püresi, kabak, vanilya ekstraktı, keşiş meyvesi tatlandırıcısı, yumurta ve vanilya ekstraktını birleştirin. Ayrı bir fırın tepsisinde, maya veya sodanın yapışmaması için kuru malzemeleri karıştırın.

3. Kabak ekmeği için karışık kuru malzemeleri ıslak malzemelere ekleyin ve iyice birleşene kadar ikisini birlikte yavaşça çırpın.

Hamuru yoğurmak için tavayı kazıyın ve içindekileri hazırlanan tavaya dökün.

4. Kabak ekmeğini fırına koyun ve iyice pişene kadar pişirin. Bir kürdan takıldıktan sonra temiz bir şekilde çıkarılabildiğinde - yaklaşık bir saat - hazırdır.

5. Kabaklı tavayı fırından çıkarın ve kabaklı ekmeği tavadan çıkarıp soğumayı tamamlamak için tel ızgaraya aktarmadan önce on dakika soğumasını bekleyin. Dilimlemeden önce kabak ekmeğinin tamamen soğumasını bekleyin.

Tarçın çubukları ve elma porsiyonları

Porsiyon: 4

Pişirme süresi: 35 dakika

İçindekiler:

Yulaf - 1 su bardağı

Öğütülmüş tarçın - 1 çay kaşığı

Kabartma tozu - 0,5 çay kaşığı

Kabartma tozu - 0,5 çay kaşığı

Vanilya özü – 1 çay kaşığı

Deniz tuzu - 0,125 çay kaşığı

Lakanto Monk Meyve Tatlandırıcı - 3 yemek kaşığı Elma, soyulmuş ve doğranmış - 1

Yoğurt, normal - 3 yemek kaşığı

soya fasulyesi yağı - 1 yemek kaşığı

Yumurtalar - 2

Belirteçler:

1. Fırını 350 Fahrenheit dereceye ısıtın ve 8 x 8 inçlik kare bir fırın tepsisini parşömen kağıdıyla hizalayın.

2. Yulafın dörtte üçünü ve geri kalan malzemeleri bir karıştırıcıya ekleyin. Pürüzsüz olana kadar karıştırın, ardından kalan son yulafı bir spatula kullanarak ekleyin. Karışımı hazırlanan pişirme kabına dökün ve elma tarçın çubukları tamamen pişene kadar yaklaşık yirmi beş ila otuz dakika pişirmek için fırının ortasına yerleştirin. Bir bıçak veya kürdan temiz bir şekilde takılıp çıkarıldığında çubuklar hazırdır.

3. Elmalı Tarçınlı Somun tavasını fırından çıkarın ve dilimleyip soğutmadan önce çubukların tamamen soğumasını bekleyin.

Her ne kadar bu barları oda sıcaklığında yiyebilseniz de, önce biraz soğumalarına izin verdiğinizde en iyi sonucu verirler.

Böğürtlenli muffin porsiyonları

Porsiyon: 10

Pişirme süresi: 22-25 dakika

İçindekiler:

2½ su bardağı badem unu

1 yemek kaşığı hindistan cevizi unu

½ çay kaşığı karbonat

3 yemek kaşığı öğütülmüş tarçın, bölünmüş

tatmak için tuz

2 organik yumurta

¼ bardak hindistan cevizi sütü

¼ bardak hindistan cevizi yağı

¼ bardak akçaağaç şurubu

1 yemek kaşığı organik vanilya aroması

1 su bardağı taze yaban mersini

Belirteçler:

1. Fırını önceden 350 derece F'ye ısıtın. 10 fincan büyük muffin tepsisini yağlayın.

2. Büyük bir kapta unları, karbonatı, 2 yemek kaşığı tarçını ve tuzu karıştırın.

3. Başka bir kapta yumurtaları, sütü, yağı, akçaağaç şurubunu ve vanilyayı ekleyip birleşene kadar çırpın.

4. Yumurta karışımını un karışımına ekleyin ve iyice karıştırın.

5. Yaban mersinlerini ekleyin.

6. Karışımı hazırlanan muffin kalıplarına eşit şekilde yerleştirin.

7. Tarçını eşit şekilde serpin.

8. Yaklaşık 22-25 dakika veya ortasına batırdığınız kürdan temiz çıkana kadar pişirin.

<u>Beslenme bilgileri:</u>Kalori: 328, Yağ: 11g, Karbonhidrat: 29g, Lif: 5g, Protein: 19g

Yaban mersinli smoothie porsiyonu

Porsiyon: 1

Pişirme süresi: 0 dakika

İçindekiler:

1 muz, soyulmuş

2 avuç bebek ıspanak

1 yemek kaşığı badem ezmesi

½ bardak yaban mersini

¼ çay kaşığı tarçın tozu

1 çay kaşığı maca tozu

½ bardak su

½ bardak badem sütü, şekersiz

Belirteçler:

1. Ispanağı bir karıştırıcıda muz, yaban mersini, badem ezmesi, tarçın, maca tozu, su ve sütle karıştırın. İyice karıştırın, bir bardağa dökün ve servis yapın.

2. İyi eğlenceler!

<u>Beslenme bilgileri:</u>kalori 341, yağ 12, lif 11, karbonhidrat 54, protein 10

Elma ve tarçınla doldurulmuş tatlı patates

Porsiyon: 4

Pişirme süresi: 10 dakika

İçindekiler:

Kavrulmuş tatlı patates - 4

Doğranmış kırmızı elmalar - 3

Su - 0,25 su bardağı

Deniz tuzu - tutam

Öğütülmüş tarçın - 1 çay kaşığı

Öğütülmüş karanfil - 0,125 çay kaşığı

Zencefil, öğütülmüş - 0,5 çay kaşığı

Kıyılmış fındık - 0,25 su bardağı

Badem yağı - 0,25 su bardağı

Belirteçler:

1. Büyük yapışmaz bir tavada elmaları su, deniz tuzu, baharatlar ve fındıklarla birleştirin. Elmaları sıkı bir kapakla kapatın ve yumuşayana kadar yaklaşık 5-7 dakika pişirin.

Lezzet elmalarının tam pişirme süresi, elma dilimlerinin boyutuna ve kullandığınız elma çeşidine bağlı olacaktır.

2. Kavrulmuş tatlı patatesleri ikiye bölün ve her yarısını bir tabağa koyun. Elmalar pişince üzerine tatlı patatesleri ekleyin ve üzerine badem ezmesi gezdirin.

Hala sıcakken servis yapın.

Yumurta ile doldurulmuş domates

Porsiyon: 2

Pişirme süresi: 40 dakika

İçindekiler:

Domates, büyük, olgun - 2

Yumurtalar - 2

Rendelenmiş Parmesan - 0,25 su bardağı

Dilimlenmiş yeşil soğan - 3

Kıyılmış sarımsak - 2 diş

Taze maydanoz – 1 yemek kaşığı

Deniz tuzu - 0,5 çay kaşığı

Sızma zeytinyağı – 1 yemek kaşığı

Karabiber, öğütülmüş - 0,5 çay kaşığı

Belirteçler:

1. Fırını 350 Fahrenheit dereceye ısıtın ve pişirme için bir fırın tepsisi hazırlayın.

2. Bir kesme tahtası üzerinde domatesin üst kısmını sapının etrafından kesin. Bir kaşıkla domatesin kestiğiniz iç kısmını yavaşça çıkarın ve meyvenin çekirdeklerini çıkararak atın.

Fazla sıvı ve tohumlar hariç, domates meyvesi kabuğuyla kalmalısınız.

3. Bir pişirme kabında deniz tuzunu, karabiberi ve taze maydanozu karıştırın. Birleştirildikten sonra, karışımın yarısını her bir domatesin üzerine yayın, elinizi veya kaşığınızı kullanarak baharatları domatesin iç duvarı boyunca dağıtın.

4. Tavada, sarımsak ve yeşil soğanı zeytinyağında orta ateşte yumuşak ve hoş kokulu olana kadar yaklaşık 4 ila 5 dakika ısıtın. Piştikten sonra Parmesan peynirini ekleyin ve karışımı iki domatesin arasına paylaştırıp içine yerleştirin. Tava artık boş olduğuna göre domatesleri kesme tahtasından tavaya aktarın. Son olarak her bir domatesin içine birer yumurta kırın.

5. Doldurulmuş domateslerin bulunduğu pişirme kabını sıcak fırına yerleştirin ve yumurta iyice pişene kadar yaklaşık yirmi beş ila otuz dakika pişirin. Yumurta dolgulu domateslerin bulunduğu tepsiyi fırından çıkarın ve sıcak olarak, tek başına veya kızarmış kepekli ekmekle birlikte servis yapın.

Safran lahanasının karıştırılmış kısımları

Porsiyon: 1

Pişirme süresi: 10 dakika

İçindekiler:

Zeytinyağı, iki yemek kaşığı

Lahana, doğranmış, yarım bardak

Lahana, yarım bardak

Kıyılmış sarımsak, bir yemek kaşığı

Karabiber, çeyrek çay kaşığı

Zerdeçal, öğütülmüş, bir yemek kaşığı

yumurta, iki

Belirteçler:

1. Yumurtaları çırpın ve safranı, karabiberi ve sarımsağı ekleyin.

Lahanayı zeytinyağında orta ateşte beş dakika soteleyin ve ardından bu yumurta karışımını lahanayla birlikte tavaya dökün. Yumurtalar pişene kadar sürekli karıştırarak pişirmeye devam edin. Çiğ filizlerle tamamlayıp servis yapın.

54

Beslenme bilgileri:Kalori 137 yağ 8,4 gram karbonhidrat 7,9 gram lif 4,8 gram şeker 1,8 gram protein 13,2 gram

Gustosa Marinara ile Peynir ve Sosis Güveç

Porsiyon: 6

Pişirme süresi: 20 dakika

İçindekiler:

½ yemek kaşığı zeytinyağı

½ kilo sosis

2,5 ons marinara sosu

120 gr rendelenmiş parmesan

120 gr rendelenmiş mozarella

Belirteçler:

1. Fırını açın, sıcaklığı 375°F'a ayarlayın ve ön ısıtmaya bırakın.

2. Bir fırın tepsisi alın, yağla yağlayın, sosisin yarısını ekleyin, çırpın ve pişirme kabının tabanına eşit şekilde yayın.

3. Tavadaki sosislerin yarısını marinara, parmesan ve mozzarella sosunun yarısıyla kaplayın ve kalan sosisi üstüne yayın.

4. Sosisleri kalan marinara sosu, parmesan ve mozzarella peyniri ile düzenleyin ve sosis pişip peynir eriyene kadar 20 dakika pişirin.

5. Bitirdiğinizde güveci tamamen soğumaya bırakın, hava geçirmez altı kaba eşit olarak bölün ve 12 güne kadar buzdolabında saklayın.

6. Yemeye hazır olduğunuzda güveci mikrodalgada sıcak olana kadar tekrar ısıtın ve servis yapın.

<u>Beslenme bilgileri:</u>Kalori 353, toplam yağ 24,3 gr, toplam karbonhidrat 5,5 gr, protein 28,4, şeker 5 gr, sodyum 902 mg

Altın Sütlü Chia Pudingi Porsiyon: 4

Pişirme süresi: 0 dakika

İçindekiler:

4 bardak hindistan cevizi sütü

3 kaşık bal

1 çay kaşığı vanilya özü

1 çay kaşığı öğütülmüş zerdeçal

½ çay kaşığı tarçın tozu

½ çay kaşığı öğütülmüş zencefil

¾ su bardağı hindistan cevizli yoğurt

½ su bardağı chia tohumu

1 su bardağı taze meyve

¼ bardak kızarmış hindistan cevizi gevreği

Belirteçler:

1. Bir kasede hindistan cevizi sütü, bal, vanilya özü, zerdeçal, tarçın ve zencefili karıştırın. Hindistan cevizli yoğurdu ekleyin.

2. Kaselere chia tohumlarını, meyveleri ve hindistancevizi parçalarını koyun.

3. Süt karışımını dökün.

4. Buzdolabında 6 saat soğumaya bırakın.

<u>Beslenme bilgileri:</u>Kalori 337 Toplam yağ 11g Doymuş yağ 2g Toplam karbonhidrat 51g Net karbonhidrat 49g Protein 10g Şeker: 29g Lif: 2g Sodyum: 262mg Potasyum 508mg

Havuçlu Kek Porsiyon: 2

Pişirme süresi: 1 dakika

İçindekiler:

Hindistan cevizi veya badem sütü, bir bardak

Chia tohumu, bir yemek kaşığı

Öğütülmüş tarçın, bir çay kaşığı

Kuru üzüm, yarım bardak

Krem peynir, az yağlı, iki yemek kaşığı oda sıcaklığında havuç, büyük bir kabuk ve rendeleyin

Bal, iki yemek kaşığı

Vanilya, bir çay kaşığı

Belirteçler:

1. Listelenen tüm öğeleri karıştırın ve gece boyunca buzdolabında güvenli bir kapta saklayın. Sabahları soğuk yiyin. Tekrar ısıtmayı tercih ederseniz, mikrodalgada bir dakika bekletin ve yemeden önce iyice karıştırın.

Beslenme bilgileri:Kalori 340 şeker 32 gram protein 8 gram yağ 4 gram lif 9 gram karbonhidrat 70 gram

ballı krep

Porsiyon: 2

Pişirme süresi: 5 dakika

İçindekiler:

½ su bardağı badem unu

2 yemek kaşığı hindistan cevizi unu

1 yemek kaşığı öğütülmüş keten tohumu

¼ çay kaşığı karbonat

½ yemek kaşığı öğütülmüş zencefil

½ yemek kaşığı öğütülmüş hindistan cevizi

½ yemek kaşığı tarçın tozu

½ çay kaşığı öğütülmüş karanfil

Bir tutam tuz

2 yemek kaşığı organik bal

¾ bardak organik yumurta akı

½ çay kaşığı organik vanilya özü

Hindistan cevizi yağı, tadı

Belirteçler:

1. Büyük bir kapta unları, keten tohumunu, kabartma tozunu, baharatları ve tuzu karıştırın.

2. Başka bir kapta balı, yumurta aklarını ve vanilyayı ekleyip pürüzsüz hale gelinceye kadar çırpın.

3. Yumurta karışımını un karışımına ekleyin ve iyice karıştırın.

4. Büyük yapışmaz kızartma tavasını yağla hafifçe yağlayın ve orta-düşük ateşte ısıtın.

5. Karışımın yaklaşık ¼ fincanını ekleyin ve tava içinde eşit şekilde dağılması için tavayı eğin.

6. Yaklaşık 3-4 dakika pişirin.

7. Yan tarafını dikkatlice dikin ve yaklaşık 1 dakika daha pişirin.

8. Kalan karışımla işlemi tekrarlayın.

9. İstenilen garnitürle servis yapın.

Beslenme bilgileri:Kalori: 291, Yağ: 8g, Karbonhidrat: 26g, Lif: 4g, Protein: 23g

Glutensiz krep Porsiyon: 10

Pişirme süresi: 30 dakika

İçindekiler:

seçenek 1

Glutensiz, kauçuksuz waffle ve pancake karışımını kullanarak krep hazırlayın

3 kaşık şeker

1 1/2 bardak glutensiz gözleme karışımı

1 bardak soğuk su

2 yumurta

2 yemek kaşığı tereyağı, eritilmiş

seçenek 2

En sevdiğiniz glutensiz, kauçuksuz un karışımını kullanarak krep yapın:

2 yemek kaşığı tereyağı, eritilmiş

3 kaşık şeker

1 bardak soğuk su

2 yemek kaşığı soğuk su

2 yumurta

1 1/2 su bardağı glutensiz un

1/2 çay kaşığı glutensiz kabartma tozu veya eşit miktarda kabartma tozu ve tartar kremasını karıştırın

1/2 çay kaşığı vanilya özü

Belirteçler:

1. Büyük bir kapta krep malzemelerinin tamamını birleştirin ve topaklar eriyene kadar çırpın. Karışımı oda sıcaklığında yaklaşık 15 dakika bekletin. 15 dakika sonra koyulaşacaktır.

2. Tavayı çok sıcak ısıtın, üzerine yağ spreyi sıkın ve bir çorba kaşığı veya 1/4 oranında hamurdan az miktarda tavaya dökün.

Tavayı yana doğru yuvarlarken ölçüm kabını kullanın.

3. Bu ince krep hamuru tabakasını 1, 2 veya 3 dakika pişmeye bırakın, ardından krepi çevirin ve bir dakika daha pişmesine izin verin.

<u>Beslenme bilgileri:</u>Kalori 100 Karbonhidrat: 14 gr Yağ: 4 gr Protein: 3 gr

Yumurtalı havuçlu pilav

Porsiyon: 3

Pişirme süresi: 3 saat

İçindekiler:

Tamari tatlı soya sosu için

3 yemek kaşığı tamari sosu (glutensiz)

1 yemek kaşığı su

2-3 yemek kaşığı pekmez

Baharatlı karışımlar için

3 diş sarımsak

1 küçük arpacık soğanı (dilimlenmiş)

2 adet uzun kırmızı biber

Bir tutam öğütülmüş zencefil

Havuçlu pilav için:

2 yemek kaşığı susam yağı

5 yumurta

4 büyük havuç

8 ons sosis (tavuk veya herhangi bir tür – glutensiz ve doğranmış).

1 yemek kaşığı tatlı soya sosu

1 su bardağı fasulye filizi

1/2 bardak doğranmış brokoli

Tatmak için biber ve tuz

Süslemek için:

Kişniş

Asya acı sosu

Susam taneleri

Belirteçler:

1. Sos için:

2. Bir tencerede pekmezi, suyu ve tamariyi yüksek ateşte kaynatın.

3. Sos kaynadıktan sonra ateşi kısın ve pekmez tamamen eriyene kadar pişirin.

4. Sosu ayrı bir kaseye koyun.

5. Havuçlu pilav için:

6. Bir kapta zencefil, sarımsak, soğan ve kırmızı biberi karıştırın.

7. Havuçlu pilav yapmak için havuçları spiralizatörde sıkın.

8. Spiral haline getirilmiş havuçları mutfak robotunda çekin.

9. Brokoliyi parçalara ayırın 10. Soğan, zencefil, sarımsak ve biberden oluşan kaseye sosis, havuç, brokoli ve fasulye filizlerini ekleyin.

11. Baharatlı sebze karışımını ve tamari sosunu yavaş pişiriciye ekleyin.

12. Ocağı 3 saat yüksek ateşte, 6 saat kısık ateşte tutun.

13. İki yumurtayı bir tavada veya yapışmaz tavada çırpın.

14. Havuçlu pilavı düzenleyin ve üzerine çırpılmış yumurtaları yerleştirin.

15. Susam tohumları, Asya biber sosu ve kişnişle süsleyin.

<u>Beslenme bilgileri:</u>Kalori 230 mg Toplam Yağ: 13,7 g Karbonhidrat: 15,9 g Protein: 12,2 g Şeker: 8 g Lif 4,4 g Sodyum: 1060 mg Kolesterol: 239 mg.

Kahvaltıda tatlı patates

Porsiyon: 6

Pişirme süresi: 15 dakika

İçindekiler:

2 tatlı patates, küp şeklinde kesilmiş

2 yemek kaşığı zeytinyağı

1 yemek kaşığı kırmızı biber

1 çay kaşığı kurutulmuş ot

Gerektiği kadar biber

Belirteçler:

1. Hava fritözünü 400 derece F'ye önceden ısıtın.

2. Tüm malzemeleri bir kapta karıştırın.

3. Fritözünüze aktarın.

4. Her 5 dakikada bir karıştırarak 15 dakika pişirin.

Beyaz peynirli ve kinoalı yumurtalı kekler

Porsiyon: 12

Pişirme süresi: 30 dakika

İçindekiler:

yumurta, sekiz

Kıyılmış domates, bir bardak

Tuz, çeyrek çay kaşığı

Beyaz peynir, bir bardak

Kinoa, bir bardak pişmiş

Zeytinyağı, iki çay kaşığı

Kekik, taze pirzola, bir kaşık

Kıyılmış siyah zeytin, çeyrek bardak

Kıyılmış soğan, çeyrek bardak

Bebek ıspanak, doğranmış, iki bardak

Belirteçler:

1. Fırını 350'ye ısıtın. On iki fincanlık muffin tepsisine yağ püskürtün. Ispanak, kekik, zeytin, soğan ve domatesleri orta ateşte zeytinyağında beş dakika soteleyin. Yumurtaları çırpın. Pişmiş sebze karışımını peynir ve tuzla birlikte yumurtalara ekleyin. Karışımı muffin kaplarına paylaştırın. Otuz dakika pişirin. Buzdolabında iki gün taze kalacaklar. Yemek için kağıt havluya sarın ve mikrodalgada otuz saniye ısıtın.

<u>Beslenme bilgileri:</u>Kalori 113 karbonhidrat 5 gram protein 6 gram yağ 7

gram şeker 1 gram

Lezzetli nohut böreği: 1 porsiyon

Pişirme süresi: 15 dakika

İçindekiler:

Su - 0,5 su bardağı artı 2 yemek kaşığı

İnce doğranmış soğan - 0,25 su bardağı

Doğranmış dolmalık biber - 0,25 su bardağı

Nohut unu - 0,5 su bardağı

Kabartma tozu - 0,25 çay kaşığı

Deniz tuzu - 0,25 çay kaşığı

Sarımsak tozu - 0,25 çay kaşığı

Kırmızı biber gevreği - 0,125 çay kaşığı

Karabiber, öğütülmüş - 0,125 çay kaşığı

Belirteçler:

1. Nohutlu gözleme hamurunu hazırlarken 25 cm'lik yapışmaz tavayı orta ateşte ısıtın.

2. Bir pişirme kabında nohut ununu maya ve baharatlarla karıştırın. Birleştirildikten sonra, suyu ekleyin ve nohut hamurunda bol miktarda hava kabarcığı oluşturmak için on beş ila otuz saniye kuvvetli bir şekilde çırpın; bu, çürüyüp topaklanmalar oluşturacaktır.

Doğranmış soğanı ve biberi ekleyin.

3. Tava ısınınca, büyük bir gözleme oluşturmak için hamurun tamamını bir kerede dökün. Hamuru tavanın tabanına eşit şekilde dağıtmak için tavayı dairesel bir hareketle hareket ettirin ve karıştırmadan dinlenmeye bırakın.

4. Nohut böreğini sertleşene ve dağılmadan kolayca döndürülebilecek hale gelene kadar yaklaşık 5 ila 7 dakika pişirin. Alt kısım altın olmalı. Nohut böreklerini büyük bir spatula ile dikkatlice çevirin ve diğer tarafını beş dakika daha pişirin.

5. Tuzlu nohutlu köfteyi içeren kızartma tavasını ocaktan alın ve köfteyi bir tabağa aktarın, bütün olarak saklayın veya dilimler halinde kesin. Seçtiğiniz lezzetli soslar ve dip soslarla servis yapın.

Sütlü zerdeçal: 2 porsiyon

Pişirme süresi: 5 dakika

İçindekiler:

1 1/2 bardak hindistan cevizi sütü, şekersiz

1 1/2 bardak badem sütü, şekersiz

¼ çay kaşığı öğütülmüş zencefil

1 ½ çay kaşığı öğütülmüş zerdeçal

1 kaşık hindistancevizi yağı

¼ çay kaşığı tarçın tozu

Belirteçler:

1. Hindistan cevizi ve badem sütünü bir tavaya koyun ve orta ateşte koyun, zencefil, yağ, safran ve tarçını ekleyin. 5 dakika kadar karıştırıp pişirin, kaselere paylaştırıp servis yapın.

2. İyi eğlenceler!

<u>Beslenme bilgileri:</u>kalori 171, yağ 3, lif 4, karbonhidrat 6, protein 7

Yeşil Shakshuka: 4 porsiyon

Pişirme süresi: 25 dakika

İçindekiler:

2 yemek kaşığı sızma zeytinyağı

1 doğranmış soğan

2 diş sarımsak, doğranmış

1 jalapeno, çekirdekleri çıkarılmış ve doğranmış

1 kiloluk ıspanak (dondurulmuşsa çözülmüş)

1 çay kaşığı kurutulmuş kimyon

¾ çay kaşığı kişniş

Tuz ve taze çekilmiş karabiber

2 yemek kaşığı harissa

½ su bardağı sebze suyu

8 büyük yumurta

Servis için gerekirse doğranmış taze maydanoz Servis için gerekiyorsa doğranmış taze kişniş Servis için gerekiyorsa pul biber

Belirteçler:

1. Fırını önceden 350°F'ye ısıtın.

2. Zeytinyağını fırına dayanıklı büyük bir tavada orta ateşte ısıtın. Soğanı ekleyip 4-5 dakika soteleyin. Sarımsak ve jalapeno ekleyin ve kokusu çıkana kadar 1 dakika daha soteleyin.

3. Ispanağı ekleyin ve tazeyse tamamen soluncaya kadar, 4 ila 5 dakika, donmuş haldeyse 1 ila 2 dakika, tamamen ısıtılana kadar pişirin.

4. Kimyon, karabiber, kişniş, tuz ve harissa ile tatlandırın. Kokusu çıkana kadar yaklaşık 1 dakika pişirin.

5. Karışımı bir mutfak robotunun veya blenderin kasesine aktarın ve koyulaşana kadar karıştırın. Et suyunu ekleyin ve karışım pürüzsüz ve kalın oluncaya kadar karıştırın.

6. Tavayı temizleyin ve yapışmaz pişirme spreyi püskürtün. Ispanaklı karışımı tavaya dökün ve tahta kaşıkla sekiz adet dairesel çukur açın.

7. Yumurtaları yavaşça tüplere kırın. Tavayı fırına aktarın ve beyazlar tamamen pişene, ancak sarılar hala biraz titreyene kadar 20 ila 25 dakika pişirin.

8. Tatlandırmak için shakshuka'nın üzerine maydanoz, kişniş ve kırmızı pul biber serpin. Derhal servis yapın.

<u>Beslenme bilgileri:</u>251 kalori 17g yağ 10g karbonhidrat 17g protein 3g şeker

Kinoa Proteinli Ekmek:

Porsiyon 12

Pişirme süresi: 1 saat 45 dakika

İçindekiler:

Nohut unu - 1 su bardağı

Kavrulmuş kinoa unu – 1 su bardağı

Patates nişastası - 1 su bardağı

Sorgum unu - 1 su bardağı

Ksantan Sakızı – 2 çay kaşığı

Deniz tuzu – 1 çay kaşığı

Su, ılık - 1,5 su bardağı

Aktif kuru maya - 1,5 çay kaşığı

Hurma ezmesi – 2 yemek kaşığı

Haşhaş tohumu - 1 yemek kaşığı

Ayçiçeği tohumları - 1 yemek kaşığı

Nugget – 2 yemek kaşığı

avokado yağı – 3 yemek kaşığı

Yumurtalar, oda sıcaklığı - 3

Belirteçler:

1. Dokuz x beş inçlik bir somun tepsisini parşömen kağıdıyla astarlayıp hafifçe yağlayarak hazırlayın.

2. Bir pişirme kabında sıcak suyu, hurma ezmesini ve mayayı, içerikler tamamen eriyene kadar karıştırın. Bu kinoa ekmeği karışımını, maya kabarıp şişene kadar beş ila on dakika bekletin; bu, sıcak bir ortamda yapılmalıdır.

3. Bu arada, daha büyük bir karıştırma kabında, tercihen bir stand mikserinde, unları, nişastayı, ksantan sakızını ve deniz tuzunu birleşene kadar karıştırın. Son olarak küçük bir pişirme kabında avokado yağı ve yumurtaları karıştırın. Mayanın çiçek açmasını beklerken bunları bir kenara koyun.

4. Maya çiçek açtığında, un karışımını içeren karıştırıcıyı kısık ateşte yerleştirin ve maya karışımını içine dökün. Yumurta ve yağ karışımını eklemeden önce, kürek aparatlı karıştırıcının sıvı ve unu birkaç dakika karıştırmasını sağlayın. Yapışkan bir karışım oluşana kadar bu karışımın iki dakika karışmasını sağlayın.

hamur topu. Tohumları hamura ekleyin ve orta hızda bir dakika daha çırpın. Glutensiz olduğu için hamurun geleneksel unla yapılan hamurlara göre daha nemli ve daha az elastik olacağını unutmayın.

5. Kinoa proteini hamurunu hazırlanan tavaya dökün, üzerini mutfak plastiğiyle veya temiz, nemli bir bezle örtün ve sıcak, hava akımı olmayan bir yerde boyutu iki katına çıkana kadar, yaklaşık kırk dakika mayalanmaya bırakın.

Bu arada fırını 375 Fahrenheit'e ısıtın.

6. Kabaran ekmeği fırının ortasına yerleştirin ve iyice pişip altın rengi oluncaya kadar pişirin. Kinoalı protein ekmeğine dokunduğunuzda içi boş gibi gelmelidir. Kinoa proteinli ekmek tavasını fırından çıkarın ve beş dakika soğumasını bekleyin, ardından kinoa proteinli ekmeği tavadan alıp soğumayı tamamlamak için tel rafa aktarın. Kinoa ekmeğini dilimlemeden önce tamamen soğumasını bekleyin.

Havuçlu ve Zencefilli Muffinler

Porsiyon: 12

Pişirme süresi: 20-22 dakika

İçindekiler:

2 su bardağı beyazlatılmış badem unu

½ bardak şekersiz kıyılmış hindistan cevizi

1 çay kaşığı karbonat

½ çay kaşığı yenibahar

½ çay kaşığı öğütülmüş zencefil

Bir tutam öğütülmüş karanfil

tatmak için tuz

3 organik yumurta

½ su bardağı organik bal

½ bardak hindistan cevizi yağı

1 su bardağı havuç, soyulmuş ve rendelenmiş

2 yemek kaşığı taze zencefil, soyulmuş ve rendelenmiş ¾ bardak kuru üzüm, 15 dakika suda bekletilip süzülmüş<u>Belirteçler:</u>

1. Fırını önceden 350 derece F'ye ısıtın. 12 fincan büyük muffin kalıbını yağlayın.

2. Yeterince büyük bir kapta unu, hindistancevizi parçalarını, kabartma tozunu, baharatları ve tuzu karıştırın.

3. Başka bir kapta yumurtaları, balı ve yağı ekleyip pürüzsüz hale gelinceye kadar çırpın.

4. Yumurta karışımını un karışımına ekleyin ve iyice karıştırın.

5. Havuç, zencefil ve kuru üzümleri ekleyin.

6. Karışımı hazırlanan muffin kalıplarına eşit şekilde dağıtın.

7. Yaklaşık 20-22 dakika veya ortasına batırdığınız kürdan temiz çıkana kadar pişirin.

<u>Beslenme bilgileri:</u>Kalori: 352, Yağ: 13g, Karbonhidrat: 33g, Lif: 9g, Protein: 15g

Sıcak ballı lapa: 4 porsiyon

İçindekiler:

¼ c. Bal

½ c. yulaf

3 c. kaynayan su

¾ c. bulgur tahılı

Belirteçler:

1. Bulguru ve yulaf ezmesini bir tavaya koyun. Kaynar suyu ekleyin ve birleştirmek için karıştırın.

2. Tavayı yüksek ateşe koyun ve kaynatın. Kaynamaya başlayınca ateşi en aza indirin, kapağını kapatın ve ara sıra karıştırarak 10 dakika pişirin.

3. Ocaktan alın, bal ile karıştırın ve hemen servis yapın.

Beslenme bilgileri:Kalori: 172, Yağ: 1 gr, Karbonhidrat: 40 gr, Protein: 4 gr, Şeker: 5 gr, Sodyum: 20 mg

Kahvaltı salatası:

4 porsiyon

Pişirme süresi: 0 dakika

İçindekiler:

Kurutulmuş meyve ile karıştırılmış 27 ons lahana salatası 1 1/2 bardak yaban mersini

15 ons pancar, pişmiş, soyulmuş ve doğranmış

¼ bardak zeytinyağı

2 yemek kaşığı elma sirkesi

1 çay kaşığı zerdeçal tozu

1 yemek kaşığı limon suyu

1 diş sarımsak, doğranmış

1 çay kaşığı rendelenmiş taze zencefil

Bir tutam karabiber

Belirteçler:

1. Bir salata kasesinde lahana ve kuru meyveleri pancar ve yaban mersini ile karıştırın. Ayrı bir kapta zeytinyağını sirke, safran, limon suyu, sarımsak, zencefil ve bir tutam karabiberle karıştırıp iyice çırpıp salatanın üzerine döküp karıştırıp servis yapın.

2. İyi eğlenceler!

<u>Beslenme bilgileri:</u>kalori 188, yağ 4, lif 6, karbonhidrat 14, protein 7

Tarçın ve Chia Tohumlu Hızlı Kinoa:

2 porsiyon

Pişirme süresi: 3 dakika

İçindekiler:

2 bardak kinoa, önceden pişirilmiş

1 bardak kaju sütü

½ çay kaşığı tarçın tozu

1 su bardağı taze yaban mersini

¼ bardak kavrulmuş ceviz

2 çay kaşığı çiğ bal

1 yemek kaşığı chia tohumu

Belirteçler:

1. Orta-düşük ateşte kinoayı ve kaju sütünü bir tencereye koyun. Tarçın, kızılcık ve cevizi ekleyip karıştırın. Üç dakika boyunca yavaşça pişirin.

2. Tavayı ocaktan alın. Balı ekleyin. Servis yapmadan önce chia tohumlarıyla süsleyin.

<u>Beslenme bilgileri:</u>Kalori 887 Yağ: 29,5 g Protein: 44 Sodyum: 85 mg Toplam karbonhidrat: 129,3 g Diyet lifi: 18,5 g

Tahılsız Tatlı Patatesli Waffle

Porsiyon: 2

Pişirme süresi: 15 dakika

İçindekiler:

Rendelenmiş tatlı patates - 3 su bardağı

Hindistan cevizi unu – 2 yemek kaşığı

Ararot – 1 yemek kaşığı

Yumurtalar - 2

soya fasulyesi yağı - 1 yemek kaşığı

Öğütülmüş tarçın - 0,5 çay kaşığı

Küçük hindistan cevizi, öğütülmüş - 0,25 çay kaşığı

Deniz tuzu - 0,25 çay kaşığı

Hurma ezmesi – 1 yemek kaşığı

Belirteçler:

1. Waffle'ları karıştırmadan önce waffle demirini ısıtmaya başlayın.

2. Bir kapta yumurtaları, soya fasulyesi yağını ve hurma ezmesini iyice karıştırın. Kalan malzemeleri ekleyin ve tüm malzemeler eşit şekilde dağılıncaya kadar karıştırın.

3. Isıtılmış waffle makinesini yağlayın ve hamurun bir kısmını ekleyin.

Ütüyü yaklaştırın ve waffle'ların altın rengi olana kadar yaklaşık altı ila yedi dakika pişmesine izin verin. Hazır olduktan sonra gofreti bir çatalla çıkarın ve hamurun ikinci yarısını da aynı şekilde pişirin.

4. Tahılsız Tatlı Patatesli Waffle'ları, yoğurt ve taze meyveler, meyve kompostosu veya Lakanto Monk Akçaağaç aromalı şurubu gibi en sevdiğiniz malzemelerle sıcak olarak servis edin.

Mantar, kinoa ve kuşkonmazlı omlet

Porsiyon: 3

Pişirme süresi: 30 dakika

İçindekiler:

2 yemek kaşığı zeytinyağı

1 su bardağı dilimlenmiş mantar

1 su bardağı kuşkonmaz, 1 inçlik parçalar halinde kesilmiş

½ su bardağı doğranmış domates

Merada yetiştirilen 6 büyük yumurta

2 büyük merada yetiştirilen yumurta akı

¼ bardak bitki bazlı süt

1 su bardağı kinoa, paketine göre pişmiş 3 yemek kaşığı kıyılmış fesleğen

1 yemek kaşığı kıyılmış maydanoz, garnitür

Tatmak için biber ve tuz

Belirteçler:

1. Fırını 3500F'ye önceden ısıtın.

2. Bir tavada zeytinyağını orta ateşte ısıtın.

3. Mantarları ve kuşkonmazı ekleyin.

4. Tatlandırmak için tuz ve karabiber ekleyin. 7 dakika veya mantarlar ve kuşkonmazlar altın rengi oluncaya kadar soteleyin.

5. Domatesleri ekleyin ve 3 dakika daha pişirin. Kenara koymak.

6. Bu arada yumurtaları, yumurta aklarını ve sütü bir kasede çırpın.

Kenara koymak.

7. Kinoayı fırın tepsisine yerleştirin ve sebze karışımıyla süsleyin. Yumurta karışımını dökün.

8. Fırına koyun ve 20 dakika veya yumurtalar pişene kadar pişirin.

<u>Beslenme bilgileri:</u>Kalori 450 Toplam yağ 37 g Doymuş yağ 5 g Toplam karbonhidrat 17 g Net karbonhidrat 14 g Protein 12 g Şeker: 2 g Lif: 3 g Sodyum: 60 mg Potasyum 349 mg

Yumurta Rancheros: 3 porsiyon

Pişirme süresi: 20 dakika

İçindekiler:

Yumurtalar - 6

Mısır ekmeği, küçük - 6

Kızartılmış Fasulye - 1,5 su bardağı

Doğranmış Yeşil Biber, Konserve - 4 oz

Kavrulmuş Konserve Domates - 14,5 oz

Dilimlenmiş avokado - 1

Kıyılmış sarımsak - 2 diş

Kıyılmış kişniş - 0,5 su bardağı

Doğranmış soğan - 0,5

Deniz tuzu - 0,5 çay kaşığı

Kimyon, öğütülmüş - 0,5 çay kaşığı

Sızma zeytinyağı – 1 çay kaşığı

Karabiber, öğütülmüş - 0,25 çay kaşığı

Belirteçler:

1. Bir tavada közlenmiş domatesi, yeşil biberi, deniz tuzunu, kimyonu ve karabiberi beş dakika kadar pişirin.

2. Bu arada geniş bir tavada soğanı ve zeytinyağını soteleyin, pişirmenin son dakikasında sarımsakları ekleyerek toplamda yaklaşık beş dakika pişirin.

3. Yumurtaları pişirme tercihlerinize göre kızartın; yeniden kızartılmış fasulyeleri ısıtın ve tortillaları ısıtın.

4. Servis yapmak için, kızartılmış fasulyeleri, domatesleri, soğanları ve yumurtaları tortillaların içine koyun. Üzerine avokado ve kişniş ekleyin ve taze ve sıcak tadını çıkarın. İsterseniz biraz maydanoz, peynir veya ekşi krema ekleyebilirsiniz.

Mantarlı ve ıspanaklı omlet

Porsiyon: 2

Pişirme süresi: 15 dakika

İçindekiler:

Zeytinyağı, bir yemek kaşığı + bir yemek kaşığı

Ispanak, taze, doğranmış, bir buçuk bardak yeşil soğan, bir adet doğranmış

yumurta, üç

Beyaz peynir, bir ons

Mantarlar, tomurcuklar, beş dilim

Doğranmış kırmızı soğan, çeyrek bardak

Belirteçler:

1. Mantarları, soğanı ve ıspanağı bir çorba kaşığı zeytinyağında üç dakika soteleyip bir kenara koyun. Yumurtaları iyice çırpın ve diğer yemek kaşığı zeytinyağında kenarları kahverengileşene kadar 3-4 dakika pişirin. Omletin yarısının üzerine diğer tüm malzemeleri serpin ve diğer yarısını da sotelenen malzemelerin üzerine katlayın. Her iki tarafını da birer dakika pişirin.

<u>Beslenme bilgileri:</u>Kalori 337 yağ 25 gram protein 22 gram karbonhidrat 5,4 gram şeker 1,3 gram lif 1 gram

Muzlu ve Balkabaklı Waffle

Porsiyon: 4

Pişirme süresi: 5 dakika

İçindekiler:

½ su bardağı badem unu

½ su bardağı hindistan cevizi unu

1 çay kaşığı karbonat

1 buçuk çay kaşığı tarçın tozu

¾ çay kaşığı öğütülmüş zencefil

½ çay kaşığı öğütülmüş karanfil

½ çay kaşığı öğütülmüş hindistan cevizi

tatmak için tuz

2 yemek kaşığı zeytinyağı

5 büyük organik yumurta

¾ bardak badem sütü

½ su bardağı kabak püresi

2 orta boy muz, soyulmuş ve dilimler halinde kesilmiş

Belirteçler:

1. Waffle demirini önceden ısıtın ve yağlayın.

2. Yeterince büyük bir kapta unları, kabartma tozunu ve baharatları
karıştırın.

3. Bir karıştırıcıya diğer malzemeleri ekleyin ve pürüzsüz hale gelinceye
kadar karıştırın.

4. Un karışımını ekleyin ve kıvam alana kadar çırpın.

5. Önceden ısıtılmış waffle makinesine gerekli miktarda karışım ekleyin.

6. Yaklaşık 4-5 dakika pişirin.

7. Kalan karışımı kullanarak işlemi tekrarlayın.

<u>Beslenme bilgileri:</u>Kalori: 357,2, Yağ: 28,5 gr, Karbonhidrat: 19,7 gr, Lif: 4 gr,
Protein: 14 gr

Füme somonlu çırpılmış yumurta Porsiyon: 2

Pişirme süresi: 10 dakika

İçindekiler:

4 yumurta

2 yemek kaşığı hindistan cevizi sütü

Taze frenk soğanı, doğranmış

4 dilim doğranmış yabani füme somon Tatmak için tuz

Belirteçler:

1. Bir kasede yumurtayı, hindistancevizi sütünü ve frenk soğanını çırpın.

2. Tavayı yağla yağlayın ve orta-düşük ateşte ısıtın.

3. Yumurta karışımını dökün ve pişerken yumurtaları karıştırın.

4. Yumurtalar katılaşmaya başlayınca füme somonu ekleyin ve 2 dakika daha pişirin.

Beslenme bilgileri:Kalori 349 Toplam yağ 23 g Doymuş yağ 4 g Toplam karbonhidrat 3 g Net karbonhidrat 1 g Protein 29 g Şeker: 2 g Lif: 2 g Sodyum: 466 mg Potasyum 536 mg

Kremalı parmesanlı risotto, mantar ve karnabahar ile

Porsiyon: 2

Pişirme süresi: 18 dakika

İçindekiler:

1 diş sarımsak, soyulmuş, dilimlenmiş

½ bardak krema

½ bardak karnabahar, pirinç

½ bardak mantar, dilimlenmiş

Hindistan cevizi yağı, kızartmak için

Süslemek için rendelenmiş parmesan

Belirteçler:

1. Bir tava alın, orta-yüksek ateşe koyun, hindistancevizi yağını ekleyin ve eriyince sarımsak ve mantarları ekleyip 4 dakika pişirin.

dakika veya sotelenene kadar.

2. Daha sonra karnabaharı ve kremayı tavaya ekleyin, iyice karıştırın ve 12 dakika pişirin.

3. Risottoyu tabağa aktarın, peynirle süsleyin ve servis yapın.

<u>Beslenme bilgileri:</u>Kalori 179, Toplam Yağ 17,8g, Toplam Karbonhidrat 4,4g, Protein 2,8g, Şeker 2,1g, Sodyum 61mg

Kaşarlı Kavrulmuş Brokoli Çiftliği

Porsiyon: 2

Pişirme süresi: 30 dakika

İçindekiler:

1 ½ bardak brokoli çiçeği

1/8 bardak çiftlik baharatını tatmak için tuz ve taze çekilmiş karabiber

1/8 bardak ağır krem şanti

¼ su bardağı rendelenmiş kaşar peyniri

1 yemek kaşığı zeytinyağı

Belirteçler:

1. Fırını açın, sıcaklığı 375°F'a ayarlayın ve ön ısıtmaya bırakın.

2. Bu arada orta boy bir kase alın, çiçekleri diğer malzemelerle birlikte ekleyin ve iyice karıştırın.

3. Bir fırın tepsisi alın, yağla yağlayın, hazırlanan karışımdan bir kaşık ekleyin ve altın rengi oluncaya kadar 30 dakika pişirin.

4. Bittiğinde güvecin 5 dakika soğumasını bekleyin ve ardından servis yapın.

<u>Beslenme bilgileri:</u>Kalori 111, Toplam Yağ 7,7g, Toplam Karbonhidrat 5,7g,

Protein 5,8g, Şeker 1,6g, Sodyum 198mg

Süper proteinli yulaf lapası

Porsiyon: 2

Pişirme süresi: 8 dakika

İçindekiler:

¼ fincan iri kıyılmış ceviz veya ceviz ¼ fincan kızarmış, şekersiz hindistan cevizi

2 yemek kaşığı kenevir tohumu

2 yemek kaşığı bütün chia tohumu

¾ bardak badem sütü, şekersiz

¼ bardak hindistan cevizi sütü

¼ fincan badem ezmesi, kızartılmış

½ çay kaşığı zerdeçal, öğütülmüş

1 yemek kaşığı sızma hindistan cevizi yağı veya MCT yağı

2 yemek kaşığı eritritol veya 5-10 damla sıvı stevia (isteğe bağlı) bir tutam öğütülmüş karabiber

½ çay kaşığı tarçın veya ½ çay kaşığı vanilya tozu

Belirteçler:

1. Cevizleri, hindistancevizi pullarını ve kenevir tohumlarını sıcak bir tavaya koyun. Karışımı 2 dakika veya kokusu çıkana kadar pişirin. Yanmasını önlemek için birkaç kez karıştırın. Kavrulan karışımı bir kaseye aktarın. Kenara koymak.

2. Bademleri ve hindistancevizi sütünü küçük bir tencerede karıştırın ve orta ateşte koyun. Karışımı ısıtın.

3. Isıttıktan sonra ancak kaynatmadan ısıyı kapatın. Diğer tüm malzemeleri ekleyin. Tamamen eriyene kadar iyice karıştırın. 10 dakika bekletin.

4. Kızartma karışımının yarısını yulaf lapası ile birleştirin. Yulaf lapasını iki kasede toplayın. Her kaseye kızarmış karışımın kalan yarısını ve öğütülmüş tarçını serpin. Yulaf lapasını hemen servis edin.

Beslenme bilgileri:Kalori 572 Yağ: 19 g Protein: 28,6 g Sodyum: 87 mg Toplam karbonhidrat: 81,5 g Diyet lifi: 10 g

Mango ve Hindistan cevizi ile yulaf ezmesi

Porsiyon: 1

İçindekiler:

½ c. Hindistan cevizi sütü

Kaşer tuzu

1 c. eski moda yulaf ezmesi

1/3 c. doğranmış taze mango

2 yemek kaşığı. Şekersiz Hindistan Cevizi Gevreği

Belirteçler:

1. Sütü orta boy bir tencerede yüksek ateşte kaynatın. Yulaf ve tuzu karıştırıp ateşi kısın. Yaklaşık 5 dakika soteleyin

Yulaflar kremsi ve yumuşak hale gelinceye kadar dakika bekleyin.

2. Bu arada, hindistancevizi pullarını küçük, kuru bir tavada düşük ateşte altın kahverengi olana kadar yaklaşık 2-3 dakika kızartın.

3. Hazır olduğunda yulaf ezmesini mango ve hindistancevizi gevreğiyle kaplayın, servis yapın ve keyfini çıkarın.

<u>Beslenme bilgileri:</u>Kalori: 428, Yağ: 18 gr, Karbonhidrat: 60 gr, Protein: 10 gr, Şeker: 26 gr, Sodyum: 122 mg.

Mantarlı ve ıspanaklı omlet porsiyonları

Porsiyon: 4

Pişirme süresi: 30 dakika

İçindekiler:

6 yumurta

60 ml süt

3 yemek kaşığı (45 ml) tereyağı

2 su bardağı (500 ml) körpe ıspanak

Tuz ve biber

1 su bardağı rendelenmiş kaşar peyniri

1 soğan, ince dilimlenmiş

120 gr dilimlenmiş beyaz mantar

Belirteçler:

1. Raf orta konumda olacak şekilde fırını 180°C'ye (350°F) önceden ısıtın. 20 cm'lik kare bir fırın kabını yağlayın. Kenara koymak.

2. Yumurtaları ve sütü geniş bir kapta çırpma teli ile karıştırın. Peyniri karıştırın. Biber ve tuzla tatlandırın. Kaseyi bir kenara koyun.

3. Büyük yapışmaz bir tavada soğanı ve ardından mantarları orta ateşte tereyağında soteleyin. Biber ve tuzla tatlandırın. Ispanağı ekleyin ve sürekli karıştırarak yaklaşık 1 dakika pişirin.

4. Mantar karışımını yumurta karışımına dökün. Çıkarın ve bir fırın tepsisine dökün. Omleti yaklaşık 25 dakika veya altın rengi oluncaya ve hafifçe kabarıncaya kadar pişirin. Omleti dört kareye kesip spatulayla servis tabağından çıkarın. Bunları bir tabağa dizin ve işte, sıcak veya soğuk servise hazır.

<u>Beslenme bilgileri:</u>Kalori 123 Karbonhidrat: 4g Yağ: 5g Protein: 15g

Buharda pişirilmiş Tarçınlı Elmalar

Porsiyon: 6

Pişirme süresi: 4 saat

İçindekiler:

8 elma (soyulmuş, çekirdeği çıkarılmış)

2 çay kaşığı limon suyu

2 çay kaşığı tarçın

½ çay kaşığı hindistan cevizi

¼ bardak hindistan cevizi şekeri

Belirteçler:

1. Tüm eşyaları yavaş pişiriciye yerleştirin.

2. Yavaş pişiriciyi 3-4 saate ayarlayın.

3. Elmalar yumuşayana kadar pişirin. Sert.

Beslenme bilgileri:Kalori 136 Toplam Yağ: 0 gr Karbonhidrat: 36 gr Protein: 1 gr Şeker: 26 gr Lif 5 gr Sodyum: 6 mg Kolesterol: 0 mg

tam tahıllı mısır ekmeği

Porsiyon: 8

Pişirme süresi: 35 dakika

İçindekiler:

Kepekli Sarı Mısır Unu – 1 su bardağı

Beyaz buğday unu -1 su bardağı

Yumurta - 1

Hurma ezmesi – 2 yemek kaşığı

Sızma zeytinyağı - 0,33 su bardağı

Deniz tuzu – 1 çay kaşığı

Kabartma tozu - 1 yemek kaşığı

Kabartma tozu - 0,5 çay kaşığı

Badem Sütü – 1 su bardağı

Belirteçler:

1. Fırını 400 Fahrenheit dereceye ısıtın ve 8 inçlik yuvarlak bir pişirme kabı veya dökme demir pişirme kabı hazırlayın. Fırın kabını cömertçe yağlayın.

2. Bir pişirme kabında mısır unu, tam buğday unu, deniz tuzu ve mayalayıcı maddeleri iyice birleşene kadar karıştırın.

3. Ayrı bir tabakta kalan malzemeleri iyice karışana kadar karıştırın. Un karışımını ekleyin, iyice birleşene kadar ikisini birlikte katlayın.

4. Mısır ekmeği hamurunu hazırlanan tavaya dökün ve altın rengi kahverengi olana kadar pişirin ve tamamen ortasına yerleşinceye kadar yaklaşık 25 dakika pişirin. Mısır ekmeğini fırından çıkarın ve dilimlemeden önce beş dakika soğumasını bekleyin.

Domatesli omlet

Porsiyon: 1

Pişirme süresi: 8 dakika

İçindekiler:

yumurta, iki

Fesleğen, taze, 1/2 bardak

Kiraz domates, yarım su bardağı

Karabiber, bir çay kaşığı

Peynir, her çeşit, çeyrek bardak, rendelenmiş

Tuz, yarım çay kaşığı

Zeytinyağı, iki yemek kaşığı

Belirteçler:

1. Domatesleri dörde bölün. Zeytinyağında üç dakika kızartın. Domatesleri rezerve edin. Yumurtaları küçük bir kaseye tuzlayıp biberleyin ve iyice çırpın. Çırpılmış yumurta karışımını tavaya dökün ve bir spatula kullanarak omletin altındaki kenarları hafifçe işleyerek yumurtaların üç dakika kızarmasını sağlayın. Yumurta karışımının ortadaki üçte biri hala sıvı olduğunda fesleğen,

domates ve peyniri ekleyin. Omletin yarısından fazlasını diğer yarının üzerine katlayın. İki dakika daha pişirip servis yapın.

<u>Beslenme bilgileri:</u>Kalori 342 karbonhidrat 8 gram protein 20 gram yağ 25,3 gram

Esmer şeker ve tarçın ile yulaf ezmesi

Porsiyon: 4

İçindekiler:

½ çay kaşığı. toz tarçın

1 1/2 çay kaşığı. Saf vanilya özü

¼ c. açık kahverengi şeker

2 c. az yağlı süt

1 1/3 c. hazır yulaf

Belirteçler:

1. Sütü ve vanilyayı orta boy bir tencereye alın ve orta-yüksek ateşte kaynatın.

2. Kaynadıktan sonra ısıyı orta seviyeye düşürün. Yulaf, esmer şeker ve tarçını ekleyin ve karıştırarak 2 ila 3 dakika pişirin.

3. İsterseniz biraz daha tarçın serperek hemen servis yapın.

Beslenme bilgileri:Kalori: 208, Yağ: 3 gr, Karbonhidrat: 38 gr, Protein: 8 gr, Şeker: 15 gr, Sodyum: 105 mg

Pişmiş armutlu yulaf lapası

Porsiyon: 2

Pişirme süresi: 30 dakika

İçindekiler:

¼ çay kaşığı tuz

2 yemek kaşığı kıyılmış ceviz

1 çay kaşığı saf akçaağaç şurubu

Servis için 1 bardak %0 Yunan yoğurdu

armutlar

yulaf lapası

½ bardak çiğ amaranth

1/2 bardak su

1 bardak %2 süt

1 çay kaşığı akçaağaç şurubu

1 büyük armut

1/2 çay kaşığı tarçın tozu

1/4 çay kaşığı öğütülmüş zencefil

1/8 çay kaşığı öğütülmüş hindistan cevizi

1/8 çay kaşığı öğütülmüş karanfil

Pekan/armut tepesi

Belirteçler:

1. Fırını önceden 400°C'ye ısıtın.

2. Amarantı boşaltın ve durulayın. Su, bir bardak süt ve tuzla karıştırıp amaranthı kaynatın ve kaynamaya bırakın.

Amaranth yumuşayana ancak bir miktar sıvı kalana kadar 25 dakika boyunca örtün ve pişirin. Ateşten alın ve amarantın 5 ila 10 dakika daha kalınlaşmasına izin verin. İstenirse dokuyu yumuşatmak için biraz daha süt uygulayın.

3. Ceviz parçalarını 1 yemek kaşığı akçaağaç şurubu ile karıştırın.

Fındıklar kızarana ve akçaağaç şurubu kuruyana kadar 10 ila 15 dakika pişirin. Bittiğinde fındıklar nispeten hoş kokulu hale gelebilir. Soğuyunca fındıklar çıtır olur.

4. Armutları cevizle birlikte doğrayın ve kalan 1 çay kaşığı akçaağaç şurubu ve baharatlarla karıştırın. Armutlar yumuşayana kadar tavada 15 dakika pişirin.

5. Kavrulmuş armutların 3/4'ünü yulaf lapasına ekleyin. Yoğurdu iki kaseye paylaştırın ve üzerine yulaf lapasını, kavrulmuş fındıkları ve kalan armut parçalarını ekleyin.

<u>Beslenme bilgileri:</u>Kalori 55 Karbonhidrat: 11 gr Yağ: 2 gr Protein: 0 gr

Tatlı kremalı krep

Porsiyon: 2

Pişirme süresi: 10 dakika

İçindekiler:

2 organik yumurta

1 çay kaşığı stevia

tatmak için tuz

2 yemek kaşığı hindistancevizi yağı, eritilmiş, bölünmüş

2 yemek kaşığı hindistan cevizi unu

½ bardak krema

Belirteçler:

1. Yumurtaları bir kaseye kırın, 1'er çorba kaşığı hindistancevizi yağı, stevia ve tuzu ekleyin ve iyice birleşene kadar elektrikli karıştırıcıyla çırpın.

2. Hindistan cevizi ununu yavaş yavaş ekleyerek birleşene kadar çırpın, ardından kremayı ekleyerek iyice birleşene kadar çırpın.

3. Bir kızartma tavası alın, orta ateşe koyun, yağla yağlayın ve ısınınca karışımın yarısını dökün ve yaklaşık 2 dakika pişirin.

Krep pişene kadar her iki tarafta dakikalar.

4. Krepi bir tabağa aktarın ve kalan hamurla aynı şekilde başka bir krep pişirin ve hemen servis yapın.

5. Yemeği hazırlamak için her kremalı krepi bir parça parşömen kağıdına sarın, plastik bir torbaya koyun, torbayı kapatın ve dondurucuda üç güne kadar saklayın.

6. Yemeye hazır olduğunuzda krepi mikrodalgada 2 dakika kadar sıcak olana kadar tekrar ısıtın ve servis yapın.

<u>Beslenme bilgileri:</u>298, Toplam Yağ 27,1g, Toplam Karbonhidrat 8g, Protein 7g, Şeker 2,4g, Sodyum 70mg

yulaf krep

Porsiyon: 1

Pişirme süresi: 10 dakika

İçindekiler:

Yumurta - 1

Haddelenmiş yulaf, öğütülmüş - 0,5 su bardağı

Badem Sütü – 2 yemek kaşığı

Kabartma tozu - 0,125 çay kaşığı

Kabartma tozu - 0,125 çay kaşığı

Vanilya özü – 1 çay kaşığı

Hurma ezmesi – 1 çay kaşığı

Belirteçler:

1. Krepleri hazırlarken ızgarayı veya yapışmaz tavayı orta ateşte ısıtın.

2. Yulaf pullarını bir blender veya mutfak robotuna yerleştirin ve ince bir un elde edene kadar karıştırın. Bunları bir kaseye ekleyin, maya ve bikarbonatla çırpın.

3. Başka bir mutfak kasesinde yumurtayı badem sütü, hurma ezmesi ve vanilya özüyle iyice birleşene kadar karıştırın. Şekerli yumurta/badem sütü karışımını yulaf ezmesi karışımına ekleyin ve iyice birleşene kadar karıştırın.

4. Tavayı yağlayın ve krep hamurunu her krepin arasında küçük bir boşluk bırakarak dökün. Kreplerin altın rengi ve kabarcıklı hale gelinceye kadar yaklaşık iki ila üç dakika pişmesine izin verin.

Krepleri dikkatlice çevirin ve diğer tarafı altın rengi kahverengi olana kadar birkaç dakika pişirin.

5. Krepleri ocaktan alın ve meyve, yoğurt, reçel veya Lakanto keşişinin akçaağaç aromalı akçaağaç şurubu ile servis yapın.

Lezzetli akçaağaç kokulu yulaf ezmesi

Porsiyon: 4

Pişirme süresi: 20 dakika

İçindekiler:

Akçaağaç aroması, bir çay kaşığı

Tarçın, bir çay kaşığı

Ayçiçeği çekirdeği, üç yemek kaşığı

Cevizler, yarım su bardağı doğranmış

Hindistan cevizi gevreği, şekersiz, 1/4 su bardağı ceviz, 1/2 su bardağı doğranmış

Süt, badem veya hindistan cevizi, yarım bardak

Chia tohumu, dört yemek kaşığı

Belirteçler:

1. Ay çekirdeği, ceviz ve cevizleri mutfak robotunda parçalayıp parçalayın. Veya fındıkları dayanıklı bir plastik torbaya koyabilir, torbayı bir havluyla sarabilir, sert bir yüzeye koyabilir ve fındıklar parçalanıncaya kadar havluya

çekiçle vurabilirsiniz. Kıyılmış cevizleri diğer malzemelerle karıştırıp geniş bir tavaya dökün.

Bu karışımı otuz dakika kısık ateşte pişirin. Karışımın dibe yapışmaması için sürekli karıştırın. Arzuya göre taze meyve veya tarçın serperek servis yapın.

<u>Beslenme bilgileri:</u>Kalori 374 Karbonhidrat 3,2 gram Protein 9,25 gram Yağ 34,59 gram

Çilek ve kivi smoothie

Porsiyon: 1

Pişirme süresi: 0 dakika

İçindekiler:

Kivi, soyulmuş ve doğranmış, bir

Taze veya dondurulmuş çilek, yarım bardak kıyılmış süt, badem veya hindistan cevizi, bir bardak

Fesleğen, öğütülmüş, bir çay kaşığı

Zerdeçal, bir çay kaşığı

Küpler halinde muz, bir

Chia tohumu tozu, çeyrek bardak

Belirteçler:

1. Tüm malzemeler iyice karıştırıldıktan hemen sonra içilir.

Beslenme bilgileri:Kalori 250 şeker 9,9 gram yağ 1 gram gram 34

lifli karbonhidratlar 4,3 gram

Tarçınlı keten tohumu lapası

Porsiyon: 4

Pişirme süresi: 5 dakika

İçindekiler:

1 çay kaşığı tarçın

1 buçuk çay kaşığı stevia

1 yemek kaşığı tuzsuz tereyağı

2 yemek kaşığı keten tohumu unu

2 yemek kaşığı keten tohumu unu

½ su bardağı rendelenmiş hindistan cevizi

1 bardak krema

2 bardak su

Belirteçler:

1. Orta boy bir tencere alın, kısık ateşte koyun, tüm malzemeleri ekleyin, birleşene kadar karıştırın ve kaynatın.

2. Karışım kaynayınca tavayı ocaktan alın, iyice karıştırın ve dört kaseye bölün.

3. Yulaf lapasını hafif koyulaşana kadar 10 dakika dinlendirip servis yapın.

<u>Beslenme bilgileri:</u>Kalori 171, Toplam Yağ 16g, Toplam Karbonhidrat 6g, Protein 2g

Yaban Mersinli ve Tatlı Patatesli Kahvaltı Barları Porsiyon: 8

Pişirme süresi: 40 dakika

İçindekiler:

1 1/2 su bardağı püresi tatlı patates

2 yemek kaşığı hindistancevizi yağı, eritilmiş

2 yemek kaşığı akçaağaç şurubu

2 yumurta, merada yetiştirilmiş

1 su bardağı badem unu

1/3 su bardağı hindistan cevizi unu

1 ½ çay kaşığı karbonat

1 bardak taze yaban mersini, çekirdekleri çıkarılmış ve doğranmış

¼ bardak su

Belirteçler:

1. Fırını 3500F'ye önceden ısıtın.

2. 9 inçlik bir pişirme kabını hindistancevizi yağıyla yağlayın. Kenara koymak.

3. Bir kasede. Ezilmiş tatlı patatesleri, suyu, hindistancevizi yağını, akçaağaç şurubunu ve yumurtaları birleştirin.

4. Başka bir kapta badem ununu, hindistancevizi ununu ve kabartma tozunu birlikte eleyin.

5. Kuru malzemeleri yavaş yavaş ıslak malzemelere ekleyin. Tüm malzemeleri katlamak ve karıştırmak için bir spatula kullanın.

6. Hazırlanan tavaya dökün ve kızılcıkların üzerine bastırın.

7. Fırına koyun ve 40 dakika veya ortasına batırdığınız kürdan temiz çıkana kadar pişirin.

8. Kalıptan çıkarmadan önce dinlenmeye veya soğumaya bırakın.

<u>Beslenme bilgileri:</u>Kalori 98 Toplam yağ 6g Doymuş yağ 1g Toplam karbonhidrat 9g Net karbonhidrat 8,5g Protein 3g Şeker: 7g Lif: 0,5g Sodyum: 113mg Potasyum 274mg

Kabak Baharatı Fırında Yulaf Ezmesi

Porsiyon: 6

Pişirme süresi: 35 dakika

İçindekiler:

Haddelenmiş yulaf - 1,5 su bardağı

Badem sütü, şekersiz - 0,75 su bardağı

Yumurta - 1

Lakanto Monk Meyve Tatlandırıcı - 0,5 bardak

Kabak püresi - 1 su bardağı

Vanilya özü – 1 çay kaşığı

Kıyılmış fındık - 0,75 su bardağı

Kabartma tozu - 1 çay kaşığı

Deniz tuzu - 0,5 çay kaşığı

Balkabaklı Turta Baharatı – 1,5 çay kaşığı

Belirteçler:

1. Fırını 350 Fahrenheit dereceye ısıtın ve sekize sekizlik bir pişirme kabını yağlayın.

2. Bir kapta yulaf ezmesi, badem sütü, yumurta ve kalan malzemeleri yulaf ezmesi iyice karışana kadar karıştırın. Yağlanmış tavaya kabak baharatlı yulaf karışımını dökün ve fırının ortasına yerleştirin.

3. Yulaf ezmesini altın rengi ve sertleşene kadar yaklaşık 25 ila 30 dakika pişirin. Kabak Baharatlı Fırında Yulaf'ı fırından çıkarın ve servis yapmadan önce beş dakika soğumaya bırakın. Tek başına veya en sevdiğiniz meyve ve yoğurtla birlikte sıcak olarak tadını çıkarın.

Ispanaklı ve domatesli çırpılmış yumurta

Porsiyon: 1

İçindekiler:

1 çay kaşığı. yağ

1 çay kaşığı. doğranmış taze fesleğen

1 orta boy küp küp domates

¼ c. isviçre peyniri

2 yumurta

½ çay kaşığı. kırmızı biber

½ c. doğranmış paketlenmiş ıspanak

Belirteçler:

1. Küçük bir kapta yumurtaları, fesleğeni, biberi ve İsviçre peynirini iyice çırpın.

2. Orta boy bir kızartma tavasını orta ateşte yerleştirin ve yağı ısıtın.

3. Domatesi ekleyin ve 3 dakika soteleyin. Ispanağı ekleyin ve 2 dakika veya solmaya başlayana kadar pişirin.

4. Çırpılmış yumurtaları ekleyin ve 2 ila 3 dakika veya istenilen kıvama gelinceye kadar karıştırın.

5. İyi eğlenceler.

<u>Beslenme bilgileri:</u>Kalori: 230, Yağ: 14,3 gr, Karbonhidrat: 8,4 gr, Protein: 17,9

Tropikal havuç, zencefil ve zerdeçallı smoothie

Porsiyon: 1

Pişirme süresi: 0 dakika

İçindekiler:

1 kan portakalı, soyulmuş ve çekirdeği çıkarılmış

1 büyük havuç, soyulmuş ve doğranmış

½ bardak dondurulmuş mango parçaları

2/3 su bardağı hindistan cevizi suyu

1 yemek kaşığı çiğ kenevir tohumu

¾ çay kaşığı rendelenmiş zencefil

1 ½ çay kaşığı soyulmuş ve rendelenmiş zerdeçal

Bir tutam acı biber

Biraz tuz

Belirteçler:

1. Tüm malzemeleri blendera koyun ve pürüzsüz hale gelinceye kadar karıştırın.

2. Servis yapmadan önce soğumasını bekleyin.

<u>Beslenme bilgileri:</u>Kalori 259 Toplam yağ 6g Doymuş yağ 0,9g Toplam karbonhidrat 51g Net karbonhidrat 40g Protein 7g Şeker: 34g Lif: 11g Sodyum: 225mg Potasyum 1319mg

Tarçınlı Vanilyalı Fransız Tostu

Porsiyon: 4

İçindekiler:

½ çay kaşığı. tarçın

3 büyük yumurta

1 çay kaşığı. vanilya

8 dilim kepekli ekmek

2 yemek kaşığı. Az yağlı süt

Belirteçler:

1. Öncelikle ızgarayı 3500F'a ısıtın.

2. Vanilya, yumurta, süt ve tarçını küçük bir kasede birleştirin ve pürüzsüz hale gelinceye kadar çırpın.

3. Düz tabanlı bir tabağa veya fırın tepsisine dökün.

4. Ekmeği yumurta karışımına batırın, her iki tarafını da kaplayacak şekilde çevirin ve sıcak plakaya yerleştirin.

5. Yaklaşık 2 dakika veya alt kısmı hafifçe kızarana kadar pişirin, ardından çevirin ve diğer tarafını da pişirin.

<u>Beslenme bilgileri:</u>Kalori: 281,0, Yağ: 10,8 gr, Karbonhidrat: 37,2 gr, Protein: 14,5 gr, Şeker: 10 gr, Sodyum: 390 mg.

lezzetli hindi

Porsiyon: 4

Pişirme süresi: 15 dakika

İçindekiler:

1 pound öğütülmüş hindi

½ çay kaşığı kurutulmuş kekik

1 yemek kaşığı hindistan cevizi yağı, eritilmiş

½ çay kaşığı tarçın tozu

Haşhaş için:

1 sarı soğan, doğranmış

1 yemek kaşığı hindistan cevizi yağı, eritilmiş

1 doğranmış kabak

½ su bardağı rendelenmiş havuç

2 su bardağı kabak, küp şeklinde

1 elma, çekirdeği çıkarılmış, soyulmuş ve küp şeklinde kesilmiş

2 su bardağı bebek ıspanak

1 çay kaşığı öğütülmüş zencefil

1 çay kaşığı tarçın tozu

½ çay kaşığı sarımsak tozu

½ çay kaşığı zerdeçal tozu

½ çay kaşığı kurutulmuş kekik

Belirteçler:

1. Tavayı 1 yemek kaşığı hindistancevizi yağıyla orta-yüksek ateşte ısıtın. Hindi, 1/2 çay kaşığı kekik ve 1/2 çay kaşığı öğütülmüş tarçın ekleyin. Karıştırıp 5 dakika pişirin, ardından bir kaseye aktarın. Tavayı 1 yemek kaşığı hindistancevizi yağıyla orta-yüksek ateşte tekrar ısıtın. Soğanı ekleyin, karıştırın ve 2 dakika pişirin. Kabak, havuç, kabak, elma, zencefil, 1 çay kaşığı tarçın, ½ ekleyin

birer çay kaşığı kekik, zerdeçal ve sarımsak tozu. Karıştırıp 3-4 pişirin

dakika. Eti tekrar tavaya alın, ıspanağı da ekleyin. 1-2 dakika daha karıştırıp pişirin, ardından tabaklara paylaştırın ve kahvaltıda servis yapın.

2. İyi eğlenceler!

<u>Beslenme bilgileri:</u>kalori 212, yağ 4, lif 6, karbonhidrat 8, protein 7

Peynirli, Fesleğenli ve Pestolu Spagetti

Porsiyon: 2

Pişirme süresi: 35 dakika

İçindekiler:

1 su bardağı pişmiş spagetti, süzülmüş

Tatlandırmak için tuz ve taze çekilmiş karabiber ½ yemek kaşığı zeytinyağı

¼ bardak süzme peynir, şekersiz

2 ons taze mozzarella, küp şeklinde

1/8 bardak fesleğen pesto

Belirteçler:

1. Fırını açın, sıcaklığı 375°F'a ayarlayın ve ön ısıtmaya bırakın.

2. Bu arada orta boy bir kase alın, spagettiyi ekleyin ve tuz ve karabiberle tatlandırın.

3. Fırın tepsisini alın, zeytinyağıyla yağlayın, kabak karışımını ekleyin, ricotta ve mozzarella peyniri ile süsleyin ve 10 dakika pişirin.

pişene kadar dakika.

4. Bittiğinde yemeği fırından çıkarın, üzerine pesto serpin ve hemen servis yapın.

Beslenme bilgileri:Kalori 169, toplam yağ 11,3 gr, toplam karbonhidrat 6,2 gr, protein 11,9 gr, şeker 0,1 gr, sodyum 217 mg

Portakallı ve şeftalili smoothie

Porsiyon: 2

İçindekiler:

2 c. doğranmış şeftali

2 yemek kaşığı. şekersiz yoğurt

2 portakalın suyu

Belirteçler:

1. Şeftalilerin çekirdeklerini ve kabuklarını çıkararak başlayın. Dekorasyon için şeftali parçalarını doğrayın ve bırakın.

2. Doğranmış şeftaliyi, portakal suyunu ve yoğurdu blendera koyun ve pürüzsüz hale gelinceye kadar karıştırın.

3. İsterseniz smoothieyi inceltmek için su ekleyebilirsiniz.

4. Cam bardaklara dökün ve keyfini çıkarın!

Beslenme bilgileri:Kalori: 170, Yağ: 4,5 gr, Karbonhidrat: 28 gr, Protein: 7 gr, Şeker: 23 gr, Sodyum: 101 mg

Muzlu ve Badem Ezmeli Muffinler

Porsiyon: 6

Pişirme süresi: 30 dakika

İçindekiler:

Yulaf - 1 su bardağı

Deniz tuzu - 0,25 çay kaşığı

Öğütülmüş tarçın - 0,5 çay kaşığı

Kabartma tozu - 1 çay kaşığı

Badem ezmesi - 0,75 su bardağı

Ezilmiş muz - 1 su bardağı

Şekersiz badem sütü - 0,5 yemek kaşığı

Vanilya özü – 2 çay kaşığı

Yumurtalar - 2

Lakanto Monk Meyve Tatlandırıcı - 0,25 bardak

Belirteçler:

1. Fırını 350 Fahrenheit dereceye ısıtın ve isterseniz muffin kalıbını kağıt astarlarla veya gresle kaplayın.

2. Bir mutfak kasesinde muz püresini badem ezmesi, şekersiz badem sütü, yumurta, vanilya özü ve keşiş meyvesi tatlandırıcısıyla karıştırın. Ayrı bir pişirme kabında yulaf ununu, baharatları ve kabartma tozunu birleştirin. Un karışımı tamamen birleştiğinde, muz püresinin bulunduğu kaseye dökün ve badem yağı/muz karışımı ile yulaf karışımını iyice birleşene kadar karıştırın.

3. Muffin hamurunu on iki kalıp arasında paylaştırın ve her bir muffin boşluğunu yaklaşık dörtte üçüyle doldurun. Badem Ezmeli Muzlu Muffin Tavasını sıcak fırının ortasına yerleştirin ve sertleşip iyice pişene kadar pişmesine izin verin. İçine bir kürdan sıkışıp temiz bir şekilde çıkarıldığında yapılırlar.

Bu yirmi ila yirmi beş dakika sürecektir.

4. Muzlu Badem Ezmeli Muffinleri servis etmeden önce soğumaya bırakın ve keyfini çıkarın.

İngilizce ricotta

Porsiyon: 1

Pişirme süresi: 0 dakika;

İçindekiler:

6 yemek kaşığı organik ricotta

3 yemek kaşığı keten tohumu

3 yemek kaşığı keten tohumu yağı

2 yemek kaşığı organik çiğ badem ezmesi

1 yemek kaşığı organik hindistan cevizi eti

1 yemek kaşığı çiğ bal

¼ bardak su

Belirteçler:

1. Tüm malzemeleri bir kapta karıştırın. İyice birleşene kadar karıştırın.

2. Servis etmeden önce bir kaseye koyun ve buzdolabında saklayın.

<u>Beslenme bilgileri:</u>Kalori 632 Toplam yağ 49 g Doymuş yağ 5 g Toplam karbonhidrat 32 g Net karbonhidrat 26 g Protein 23 g Şeker: 22 g Lif: 6 g Sodyum: 265 mg Potasyum 533 mg

Ispanaklı ve Kirazlı Antiinflamatuar Smoothie

Porsiyon: 1

Pişirme süresi: 0 dakika

İçindekiler:

1 su bardağı sade kefir

1 bardak dondurulmuş kiraz, çekirdekleri çıkarılmış

½ bardak bebek ıspanak yaprağı

¼ bardak olgun avokado püresi

1 yemek kaşığı badem ezmesi

1 parça soyulmuş zencefil (1/2 inç)

1 çay kaşığı chia tohumu

Belirteçler:

1. Tüm malzemeleri blendera koyun.

2. Pürüzsüz olana kadar karıştırın.

3. Servis etmeden önce buzdolabında soğumasını bekleyin.

<u>Beslenme bilgileri:</u>Kalori 410 Toplam yağ 20 g Doymuş yağ 4 g Toplam karbonhidrat 47 g Net karbonhidrat 37 g Protein 17 g Şeker: 33 g Lif: 10 g Sodyum: 169 mg Potasyum 1163 mg

Baharatlı Şakşuka

Porsiyon: 4

Pişirme süresi: 37 dakika

İçindekiler:

2 yemek kaşığı sızma zeytinyağı

1 soğan soğanı, doğranmış

1 jalapeno, çekirdekleri çıkarılmış ve doğranmış

2 diş sarımsak, doğranmış

1 kiloluk ıspanak

Tuz ve taze çekilmiş karabiber

¾ çay kaşığı kişniş

1 çay kaşığı kurutulmuş kimyon

2 yemek kaşığı harissa ezmesi

½ su bardağı sebze suyu

8 büyük yumurta

Servis için kırmızı biber gevreği

Servis için doğranmış kişniş

Servis için kıyılmış maydanoz

Belirteçler:

1. Fırını önceden 350°F'ye ısıtın.

2. Yağı, fırına dayanıklı bir tavada, orta ateşte ısıtın. Soğanı ekleyip 5 dakika soteleyin.

3. Jalapeno ve sarımsağı ekleyin ve bir dakika veya altın rengi oluncaya kadar soteleyin. Ispanağı ekleyin ve 5 dakika ya da yaprakla˜ tamamen solana kadar pişirin.

4. Karışımı tuz ve karabiber, kişniş, kimyon ve harissa ile tatlandırın. 1 dakika daha pişirin.

5. Karışımı mutfak robotuna aktarın: koyulaşana kadar karıştırın. Et suyunu dökün ve pürüzsüz hale gelinceye kadar daha fazla karıştırın.

6. Aynı tavayı yapışmaz spreyle temizleyip yağlayın.

Püre karışımını dökün. Tahta bir kaşık kullanarak sekiz adet dairesel çukur oluşturun.

7. Her yumurtayı yavaşça çukurlara kırın. Tavayı fırına yerleştirin -

25 dakika pişirin veya yumurtaları tamamen katılaşana kadar haşlayın.

8. Servis yapmak için, shakshuka'nın üzerine kırmızı biber gevreği, kişniş ve maydanoz serpin.

Beslenme bilgileri:Kalori 251 Yağ: 8,3 g Protein: 12,5 g Sodyum: 165 mg
Toplam karbonhidrat: 33,6 g

5 dakika boyunca Altın Süt

Porsiyon: 1

Pişirme süresi: 5 dakika

İçindekiler:

1 1/2 bardak hafif hindistan cevizi sütü

1 1/2 bardak şekersiz badem sütü

1 1/2 çay kaşığı öğütülmüş zerdeçal

1/4 çay kaşığı öğütülmüş zencefil

1 bütün tarçın çubuğu

1 kaşık hindistancevizi yağı

1 tutam öğütülmüş karabiber

Tercih ettiğiniz tatlandırıcı (örn. Hindistan cevizi şekeri, akçaağaç şurubu veya tatlandırmak için stevia)

Belirteçler:

1. Küçük bir tencereye hindistan cevizi sütü, öğütülmüş zerdeçal, badem sütü, öğütülmüş zencefil, tarçın çubuğu, hindistan cevizi yağı, karabiber ve en sevdiğiniz tatlandırıcıyı ekleyin.

2. Orta ateşte birleştirmek için çırpın ve tekrar ısıtın. Düzenli olarak karıştırarak, sıcak olana kadar ancak kaynatılmayacak şekilde (yaklaşık 4 dakika) ısıtın.

3. Tadı değiştirmek için ısıyı ve tadı kapatın. Güçlü baharatlar için +

tadına bakmak için daha fazla tatlandırıcı veya daha fazla zerdeçal veya zencefil ekleyin.

4. Hemen servis yapın, iki bardağın arasına bölün ve tarçın çubuğunu geride bırakın. En iyisi tazedir, ancak kalanlar buzdolabında 2-3 gün saklanabilir. Ocakta veya mikrodalgada sıcaklığa ısıtın.

<u>Beslenme bilgileri:</u>Kalori 205 Yağ: 19,5 g Sodyum: 161 mg Karbonhidrat: 8,9 g Lif: 1,1 g Protein: 3,2 g

Kahvaltıda basit yulaf ezmesi

Porsiyon: 1

Pişirme süresi: 8 dakika

İçindekiler:

2/3 su bardağı hindistan cevizi sütü

1 yumurta akı, merada yetiştirilmiş

½ bardak glutensiz çabuk pişen yulaf

½ çay kaşığı zerdeçal tozu

½ çay kaşığı tarçın

¼ çay kaşığı zencefil

Belirteçler:

1. Süt içermeyen sütü bir tencereye koyun ve orta ateşte ısıtın.

2. Yumurta beyazını ekleyin ve karışım homojen hale gelinceye kadar çırpmaya devam edin.

3. Geri kalan malzemeleri ekleyin ve 3 dakika daha pişirin.

<u>Beslenme bilgileri:</u>Kalori 395 Toplam yağ 34 g Doymuş yağ 7 g Toplam karbonhidrat 19 g Net karbonhidrat 16 g Protein 10 g Şeker: 2 g Lif: 3 g Sodyum: 76 mg Potasyum 459 mg

zerdeçallı proteinli çörekler

Porsiyon: 8

Pişirme süresi: 0 dakika

İçindekiler:

1 1/2 bardak çiğ kaju fıstığı

½ bardak çekirdekleri çıkarılmış Medjool hurması

1 yemek kaşığı vanilya protein tozu

½ su bardağı rendelenmiş hindistan cevizi

2 yemek kaşığı akçaağaç şurubu

¼ çay kaşığı vanilya özü

1 çay kaşığı zerdeçal tozu

¼ fincan bitter çikolata

Belirteçler:

1. Çikolata dışındaki tüm malzemeleri mutfak robotunda karıştırın.

2. Pürüzsüz olana kadar karıştırın.

3. Hamuru 8 top haline getirin ve bunları silikon çörek tepsisine bastırın.

4. Sertleşmesi için 30 dakika boyunca dondurucuya koyun.

5. Bu arada çikolatayı benmari usulü eriterek çikolatalı kremayı hazırlayın.

6. Donutlar katılaştıktan sonra tavadan çıkarın ve üzerine çikolata serpin.

<u>Beslenme bilgileri:</u>Kalori 320 Toplam yağ 26 g Doymuş yağ 5 g Toplam karbonhidrat 20 g Net karbonhidrat 18 g Protein 7 g Şeker: 9 g Lif: 2 g Sodyum: 163

mg Potasyum 297mg

Kaşarlı Kale Frittata

Porsiyon: 6

İçindekiler:

1/3 c. dilimlenmiş arpacık soğanı

¼ çay kaşığı. Biber

1 adet doğranmış kırmızı biber

¾ c. yağsız süt

1 c. rendelenmiş az yağlı kaşar peyniri

1 çay kaşığı. yağ

5 oz. lahana ve ıspanak

12 yumurta

Belirteçler:

1. Fırını 375°F'ye önceden ısıtın.

2. Cam bir pişirme kabını zeytinyağıyla yağlayın.

3. Bir kapta peynir dışındaki tüm malzemeleri iyice çırpın.

4. Yumurta karışımını hazırlanan tabağa dökün ve 35 dakika pişirin.

5. Fırından çıkarıp üzerine peynir serpin ve 5 dakika ızgarada pişirin.

dakika.

6. Fırından çıkarın ve 10 dakika dinlendirin.

7. Kesin ve keyfini çıkarın.

<u>Beslenme bilgileri:</u>Kalori: 198, Yağ: 11,0 gr, Karbonhidrat: 5,7 gr, Protein: 18,7

g, Şekerler: 1 g, Sodyum: 209 mg.

akdeniz omleti

Porsiyon: 6

Pişirme süresi: 20 dakika

İçindekiler:

Yumurtalar, sen

Beyaz peynir, ufalanmış, çeyrek bardak

Karabiber, çeyrek çay kaşığı

Yağ, sprey veya zeytin

Kekik, bir çay kaşığı

Süt, badem veya hindistan cevizi, çeyrek bardak

Deniz tuzu, bir çay kaşığı

Kıyılmış siyah zeytin, çeyrek bardak

Yeşil zeytin, doğranmış, çeyrek bardak

Domates, doğranmış, çeyrek bardak

Belirteçler:

1. Fırını 400'e ısıtın. 8 x 8 inçlik bir pişirme kabını yağlayın.

Sütü yumurtalarla karıştırın, ardından diğer malzemeleri ekleyin. Bu karışının tamamını tavaya dökün ve yirmi dakika pişirin.

<u>Beslenme bilgileri:</u>Kalori 107 şeker 2 gram yağ 7 gram karbonhidrat 3 gram protein 7 gram

Karabuğday Tarçın Zencefil Porsiyon: 5

Pişirme süresi: 40 dakika

İçindekiler:

¼ bardak chia tohumu

½ bardak hindistan cevizi gevreği

1 1/2 su bardağı karışık çiğ ceviz

2 su bardağı glutensiz yulaf

1 su bardağı karabuğday

2 yemek kaşığı fıstık ezmesi

4 kaşık hindistan cevizi yağı

1 su bardağı ayçiçeği çekirdeği

½ su bardağı kabak çekirdeği

1 1/2 - 2 inç zencefil

1 çay kaşığı tarçın tozu

1/3 su bardağı pirinç maltı şurubu

4 yemek kaşığı ham kakao tozu - İsteğe bağlı

Belirteçler:

1. Fırını 180°C'ye önceden ısıtın

2. Cevizleri bir mutfak robotunda çekin ve iri bir şekilde doğramak için hızla karıştırın. Kıyılmış fındıkları bir kaseye koyun ve diğer tüm kuru malzemeleri ekleyerek iyice karıştırın: yulaf, hindistancevizi, tarçın, karabuğday, tohumlar ve tuzu bir tavada kısık ateşte, hindistancevizi yağını yavaşça eritin.

3. Islak karışıma kakao tozunu (eğer kullanılıyorsa) ekleyin ve karıştırın. Islak hamuru kuru karışımın üzerine dökün ve her şeyin kaplandığından emin olmak için iyice karıştırın. Karışımı yağlı kağıt veya hindistancevizi yağıyla kaplı büyük bir fırın tepsisine aktarın. Karışımı 35 ila 40 dakika boyunca eşit şekilde yaydığınızdan emin olun ve karışımı yarıya kadar çevirin. Granola gevrek ve altın rengi olana kadar pişirin!

4. En sevdiğiniz fındık sütü, bir kaşık hindistancevizi yoğurdu, taze meyve ve süper yiyeceklerle servis yapın: goji meyveleri, keten tohumu, arı poleni, ne isterseniz! Her gün karıştırın.

<u>Beslenme bilgileri:</u>Kalori 220 Karbonhidrat: 38g Yağ: 5g Protein: 7g

kişnişli krep

Porsiyon: 6

Pişirme süresi: 6-8 dakika

İçindekiler:

½ bardak tapyoka unu

½ su bardağı badem unu

½ çay kaşığı biber tozu

¼ çay kaşığı öğütülmüş zerdeçal

Tuz ve taze çekilmiş karabiber 1 su bardağı tam yağlı hindistan cevizi sütü

½ doğranmış kırmızı soğan

1 adet (½ inç) taze zencefil, ince rendelenmiş 1 serrano biberi, doğranmış

½ bardak taze kişniş, doğranmış

Gerektiği kadar yağ

Belirteçler:

1. Büyük bir kapta unları ve baharatları karıştırın.

2. Hindistan cevizi sütünü ekleyin ve pürüzsüz hale gelinceye kadar karıştırın.

3. Soğanı, zencefili, serrano biberini ve kişnişi ekleyin.

4. Büyük yapışmaz kızartma tavasını yağla hafifçe yağlayın ve orta-düşük ateşte ısıtın.

5. Karışımın yaklaşık ¼ fincanını ekleyin ve tava içinde eşit şekilde dağılması için tavayı eğin.

6. Her iki tarafını da yaklaşık 3-4 dakika pişirin.

7. Kalan tüm karışımla aynı işlemi tekrarlayın.

8. İstenilen malzemeyle servis yapın.

<u>Beslenme bilgileri:</u>Kalori: 331, Yağ: 10g, Karbonhidrat: 37g, Lif: 6g, Protein: 28g

Greyfurt ve Ahududu Smoothie Porsiyon: 1

Pişirme süresi: 0 dakika

İçindekiler:

1 adet taze sıkılmış greyfurtun suyu

1 muz soyulmuş ve dilimlenmiş

1 bardak ahududu

Belirteçler:

1. Tüm malzemeleri blendera koyun ve pürüzsüz hale gelinceye kadar karıştırın.

2. Servis yapmadan önce soğumasını bekleyin.

<u>Beslenme bilgileri:</u>Kalori 381 Toplam yağ 0,8 g Doymuş yağ 0,1 g Toplam karbonhidrat 96 g Net karbonhidrat 85 g Protein 4 g Şeker: 61 g Lif: 11 g Sodyum: 11 mg Potasyum 848 mg

Fıstık Ezmesi Granola Porsiyonu

Porsiyon: 8

Pişirme süresi: 25 dakika

İçindekiler:

Haddelenmiş yulaf - 2 su bardağı

Tarçın - 0,5 çay kaşığı

Tuzlu doğal fıstık ezmesi - 0,5 su bardağı

Hurma ezmesi – 1,5 yemek kaşığı

Lily'nin Bitter Çikolata Cipsleri - 0,5 su bardağı

Belirteçler:

1. Fırını 300 Fahrenheit dereceye ısıtın ve fırın tepsisini parşömen veya silikon mat ile kaplayın.

2. Bir kapta hurma ezmesini, tarçını ve fıstık ezmesini karıştırın, ardından yulafı ekleyin ve yulaflar tamamen kaplanana kadar karıştırın. Bu şekerli ve terbiyeli karışımı fırın tepsisine ince bir tabaka halinde eşit şekilde yayın.

3. Fıstık ezmesini fırına yerleştirin ve eşit olmayan pişme ve yanmayı önlemek için yarıya kadar iyice karıştırarak yirmi dakika pişirin.

4. Granolayı fırından çıkarın ve çikolata parçacıklarını eklemeden önce oda sıcaklığına soğumasını bekleyin. Fıstık ezmeli granolayı kullanıma hazır olana kadar saklamak için hava geçirmez bir kaba aktarın.

Safranlı Fırında Çırpılmış Yumurta Porsiyon: 6

Pişirme süresi: 15 dakika

İçindekiler:

8 ila 10 büyük merada yetiştirilen yumurta

½ bardak şekersiz badem veya hindistan cevizi sütü

½ çay kaşığı zerdeçal tozu

1 çay kaşığı kıyılmış kişniş

¼ çay kaşığı karabiber

Biraz tuz

Belirteçler:

1. Fırını 3500F'ye önceden ısıtın.

2. Tavayı veya fırına dayanıklı kabı yağlayın.

3. Bir kasede yumurtayı, sütü, zerdeçal tozunu, karabiberi ve tuzu çırpın.

4. Yumurta karışımını tavaya dökün.

5. Fırına koyun ve 15 dakika veya yumurtalar pişene kadar pişirin.

6. Fırından çıkarın ve doğranmış kişnişle süsleyin.

<u>Beslenme bilgileri:</u>Kalori 203 Toplam Yağ 16 gr Doymuş Yağ 4 gr Toplam Karbonhidrat 5 gr Net Karbonhidrat 4 gr Protein 10 gr Şeker: 4 gr Lif: 1 gr Sodyum: 303

mg Potasyum 321 mg

Kahvaltıda porsiyon boyutunda chia kepeği ve yulaf: Porsiyon: 2

İçindekiler:

85 gr doğranmış kavrulmuş badem

340 gr hindistan cevizi sütü

30 gr esmer şeker

2½ gr portakal kabuğu rendesi

30 gr keten tohumu karışımı

170 gr yulaf ezmesi

340 gr yaban mersini

30 gr chia tohumu

2½ gr tarçın

Belirteçler:

1. Tüm ıslak malzemeleri ekleyin ve şeker ve sütü portakal kabuğu rendesi ile karıştırın.

2. Tarçın ekleyin ve iyice karıştırın. Şekerin topaklanmadığından emin olduğunuzda yulaf ezmesini, keten tohumunu ve chia'yı ekleyin ve bir dakika bekletin.

3. İki cam kase veya kavanoz alın ve karışımı içlerine dökün. Üzerine kavrulmuş bademleri ekleyip buzdolabına kaldırın.

4. Sabah çıkarın ve yiyin!

<u>Beslenme bilgileri:</u>Kalori: 353, Yağ: 8 gr, Karbonhidrat: 55 gr, Protein: 15 gr, Şeker: 9,9 gr, Sodyum: 96 mg

Ravent, Elma ve Zencefilli Muffinler

Porsiyon: 8

Pişirme süresi: 30 dakika

İçindekiler:

1/2 çay kaşığı tarçın tozu

1/2 çay kaşığı öğütülmüş zencefil

biraz tuz

1/2 su bardağı badem unu (öğütülmüş badem)

1/4 su bardağı ham rafine edilmemiş şeker

2 yemek kaşığı ince kıyılmış kristalize zencefil

1 yemek kaşığı öğütülmüş keten tohumu unu

1/2 su bardağı buğday unu

1/4 bardak ince kahverengi pirinç unu

60ml zeytinyağı

1 büyük serbest gezinen yumurta

1 çay kaşığı vanilya özü

2 yemek kaşığı organik mısır unu veya ararot 2 çay kaşığı glutensiz kabartma tozu

1 su bardağı ince dilimlenmiş ravent

1 küçük elma soyulmuş ve küp şeklinde kesilmiş

95 ml (1/3 su bardağı + 1 yemek kaşığı) pirinç veya badem sütüBelirteçler:

1. Fırını önceden 180° C / 350° C'ye ısıtın. Tereyağı veya 8 1/3 bardak (80 mL) kağıt kapaklı muffin kalıpları.

2. Orta boy bir kapta badem ununu, zencefili, şekeri ve keten tchumunu birlikte çırpın. Mayayı, unu ve baharatları eleyip iyice karıştırın. Un karışımında ravent ve elmayı kaplayacak şekilde çırpın.

3. Sütü, şekeri, yumurtayı ve vanilyayı başka bir küçük kapta çırpın, ardından kuru karışıma dökün ve iyice birleşene kadar karıştırın.

4. Hamuru fırın tepsileri/kağıt kaplar arasında eşit olarak bölün ve 20 ila 25 dakika kadar veya kenarları kabarıp altın rengi oluncaya kadar pişirin.

5. Daha fazla soğuması için tel ızgaraya aktarmadan önce çıkarın ve 5 dakika bekletin.

6. Sıcak veya oda sıcaklığında yiyin.

Beslenme bilgileri:Kalori 38 Karbonhidrat: 9 gr Yağ: 0 gr Protein: 0 gr

Kahvaltıda tahıllar ve meyveler

Porsiyon: 6

İçindekiler:

1 c. Kuru üzüm

¾ c. hızlı pişirme kahverengi pirinç

1 Granny Smith elması

1 portakal

8 oz. az yağlı vanilyalı yoğurt

3 c. şelale

¾ c. bulgur

1 lezzetli kırmızı elma

Belirteçler:

1. Büyük bir tavayı yüksek ateşe koyun ve suyu kaynatın.

2. Bulguru ve pirinci ekleyin. Isıyı en aza indirin ve kapağı kapalı olarak on dakika pişirin.

3. Isıyı kapatın ve tavanın kapağı kapalı olarak 2 dakika bekletin.

4. Taneleri bir fırın tepsisine aktarın ve soğuması için eşit şekilde dağıtın.

5. Bu arada portakalları soyun ve dilimler halinde kesin. Elmaları kesip çekirdeklerini çıkarın.

6. Mısır gevreği soğuduktan sonra meyvelerle birlikte geniş bir kaseye aktarın.

7. Yoğurt ekleyin ve kaplamak için iyice karıştırın.

8. Servis yapın ve keyfini çıkarın.

<u>Beslenme bilgileri:</u>Kalori: 121, Yağ: 1 gr, Karbonhidrat: 24,2 gr, Protein: 3,8 gr, Şeker: 4,2 gr, Sodyum: 500 mg

Bruschetta domates ve fesleğen ile

Porsiyon: 8

İçindekiler:

½ c. doğranmış fesleğen

2 diş sarımsak, doğranmış

1 yemek kaşığı. balzamik sirke

2 yemek kaşığı. Yağ

½ çay kaşığı. kırık karabiber

1 dilimlenmiş kepekli baget

8 adet olgun İtalyan domatesi, doğranmış

1 çay kaşığı. deniz tuzu

Belirteçler:

1. İlk önce fırını 375 F'ye ısıtın.

2. Bir kasede domatesleri doğrayın, balzamik sirkeyi, doğranmış fesleğeni, sarımsağı, tuzu, karabiberi ve zeytinyağını karıştırıp bir kenara koyun.

3. Bageti 16-18 dilime kesin ve yaklaşık 10 dakika pişirmek için bir fırın tepsisine yerleştirin.

4. Sıcak ekmek dilimleri ile servis yapın ve afiyetle yiyin.

5. Artıkları hava geçirmez bir kapta saklayın ve buzdolabında saklayın.

Bunları ızgara tavuğun üzerine koymayı deneyin, harika!

<u>Beslenme bilgileri:</u>Kalori: 57, Yağ: 2,5 gr, Karbonhidrat: 7,9 gr, Protein: 1,4 gr, Şeker: 0,2 gr, Sodyum: 261 mg

Hindistan Cevizli ve Tarçınlı Krep

Porsiyon: 2

Pişirme süresi: 18 dakika

İçindekiler:

2 organik yumurta

1 yemek kaşığı badem unu

2 ons krem peynir

¼ bardak rendelenmiş hindistan cevizi, ayrıca süslemek için biraz daha ½ yemek kaşığı eritritol

1/8 çay kaşığı tuz

1 çay kaşığı tarçın

4 yemek kaşığı stevia

½ yemek kaşığı zeytinyağı

Belirteçler:

1. Yumurtaları bir kaseye kırın, yumuşayana kadar çırpın ve un ve krem peyniri pürüzsüz hale gelinceye kadar ekleyin.

2. Kalan malzemeleri ekleyin ve iyice karıştırın.

3. Bir kızartma tavası alın, orta ateşte yerleştirin, yağla yağlayın, hamurun yarısını dökün ve krep pişip altın rengi oluncaya kadar her iki tarafını da 3-4 dakika pişirin.

4. Krepi bir tabağa aktarın ve kalan hamurla aynı şekilde başka bir krep pişirin.

5. Hindistan cevizini pişen kreplerin üzerine serpip servis yapın.

<u>Beslenme bilgileri:</u>Kalori 575, Toplam Yağ 51g, Toplam Karbonhidrat 3,5g, Protein 19g

Fındık Kızılcık Muz Yulaf Ezmesi: Porsiyon: 6

Pişirme süresi: 2 saat

İçindekiler:

1/4 bardak badem (kızarmış)

1/4 su bardağı ceviz

1/4 bardak ceviz

2 yemek kaşığı öğütülmüş keten tohumu

1 çay kaşığı öğütülmüş zencefil

1 çay kaşığı tarçın

1/4 çay kaşığı deniz tuzu

2 yemek kaşığı hindistan cevizi şekeri

½ çay kaşığı kabartma tozu

2 bardak süt

2 muz

1 su bardağı taze yaban mersini

1 yemek kaşığı akçaağaç şurubu

1 çay kaşığı vanilya özü

1 yemek kaşığı eritilmiş tereyağı

servis için yoğurt

Belirteçler:

1. Geniş bir kaseye cevizi, keten tohumunu, kabartma tozunu, baharatları ve hindistan cevizi şekerini ekleyip karıştırın.

2. Başka bir kapta yumurtaları, sütü, akçaağaç şurubunu ve vanilya özünü çırpın.

3. Muzları ikiye bölün ve yaban mersini ile birlikte yavaş tencereye ekleyin.

4. Yulaf karışımını ekleyin ve süt karışımının üzerine dökün.

5. Eritilmiş tereyağını gezdirin,

6. Yavaş pişiriciyi 4 saat boyunca düşük seviyede veya 4 saat boyunca yüksek seviyede pişirin. Sıvı emilene ve yulaf altın rengine dönene kadar pişirin.

7. Sıcak olarak servis yapın ve üzerine doğal Yunan yoğurdu ekleyin.

Beslenme bilgileri:Kalori 346 mg Toplam Yağ: 15 g Karbonhidrat: 45 g Protein: 11 g Şeker: 17 g Lif 7 g Sodyum: 145 mg Kolesterol: 39 mg

Haşlanmış yumurta ve somonlu tost

Porsiyon: 2

Pişirme süresi: 4 dakika

İçindekiler:

Tam tahıllı ekmek, iki dilim kızarmış çavdar veya limon suyu, çeyrek çay kaşığı

Avokado, iki yemek kaşığı patates püresi

Karabiber, çeyrek çay kaşığı

Yumurta, iki haşlanmış

Somon, füme, dört ons

Arpacık soğan, bir yemek kaşığı ince dilimlenmiş

Tuz, sekizde bir çay kaşığı

Belirteçler:

1. Avokadoya limon suyu, biber ve tuz ekleyin. Avokado karışımını kızarmış ekmek dilimlerinin üzerine sürün. Füme somonu tost ekmeğinin üzerine koyun ve haşlanmış yumurta ile süsleyin. Dilimlenmiş arpacık soğanı ekleyin.

<u>Beslenme bilgileri:</u>Kalori 389 yağ 17,2 gram protein 33,5 gram karbonhidrat 31,5 gram şeker 1,3 gram lif 9,3 gram

Chia tohumu ve tarçınlı puding

Porsiyon: 2

Pişirme süresi: 0 dakika

İçindekiler:

Chia tohumu, dört yemek kaşığı

Badem yağı, bir yemek kaşığı

Hindistan cevizi sütü, dörtte üç bardak

Tarçın, bir çay kaşığı

Vanilya, bir çay kaşığı

Buzlu kahve, üç çeyrek fincan

Belirteçler:

1. Tüm bağlantı elemanlarını sıkıca birleştirin ve buzdolabında güvenli bir kaba dökün. Sıkıca kapatın ve bir gece buzdolabında bekletin.

Beslenme bilgileri:Kalori 282 karbonhidrat 5 gram protein 5,9 gram yağ 24 gram

yumurta ve peynir

Porsiyon: 1

İçindekiler:

¼ c. Kıyılmış Domates

1 yumurta beyazı

1 doğranmış yeşil soğan

2 yemek kaşığı. Yağsız süt

1 dilim kepekli ekmek

1 yumurta

½ oz. az yağlı rendelenmiş kaşar peyniri

Belirteçler:

1. Yumurta ve beyazlarını bir kapta karıştırıp sütü ekleyin.

2. Karışımı yapışmaz bir tavada yumurtalar iyice pişene kadar karıştırın.

3. Bu arada ekmeği kızartın.

4. Çırpılmış yumurta karışımını tost ekmeğinin üzerine dökün ve eriyene kadar üzerine peynir ekleyin.

5. Soğanı ve domatesi ekleyin.

<u>Beslenme bilgileri:</u>Kalori: 251, Yağ: 11,0 gr, Karbonhidrat: 22,3 gr, Protein: 16,9

g, Şekerler: 1,8 g, Sodyum: 451 mg

Tex-Mex Hash Browns

Porsiyon: 4

Pişirme süresi: 30 dakika

İçindekiler:

1 1/2 pound patates, küp şeklinde

1 yemek kaşığı zeytinyağı

Gerektiği kadar biber

1 doğranmış soğan

1 kırmızı biber, doğranmış

1 jalapeno, dilimler halinde kesilmiş

1 çay kaşığı yağ

½ çay kaşığı öğütülmüş kimyon

1/2 çay kaşığı taco baharat karışımı

Belirteçler:

1. Hava fritözünü 320 derece F'ye önceden ısıtın.

2. Patatesleri 1 yemek kaşığı yağa atın.

3. Biberle tatlandırın.

4. Hava fritözü sepetine aktarın.

5. Pişirme sırasında iki kez sallayarak 20 dakika kızartın.

6. Kalan malzemeleri bir kasede birleştirin.

7. Fritöze ekleyin.

8. İyice karıştırın.

9. 356 derece F'de 10 dakika pişirin.

Avokado ve Kremalı Shirataki

Porsiyon: 2

Pişirme süresi: 6 dakika

İçindekiler:

½ paket shirataki erİştesi, pişmiş

½ avokado

½ çay kaşığı öğütülmüş karabiber

½ çay kaşığı tuz

½ çay kaşığı kurutulmuş fesleğen

1/8 bardak krema

Belirteçler:

1. Orta boy bir tavayı yarısına kadar su ile orta ateşte koyun, kaynatın, makarnayı ekleyin ve 2 dakika pişirin.

2. Daha sonra makarnayı süzün ve ihtiyaç duyulana kadar bir kenara koyun.

3. Avokadoyu bir kaseye koyun, çatalla ezin. 4. Avokadoyu bir kasede ezin, blendera aktarın, diğer malzemeleri ekleyin ve pürüzsüz hale gelinceye kadar karıştırın.

5. Tavayı orta ateşe alın, ısınınca makarnayı ekleyin, avokado karışımını dökün, iyice karıştırın ve 2 dakika pişirin.

çok sıcak olana kadar dakikalar.

6. Hemen servis yapın.

Beslenme bilgileri:Kalori 131, Toplam Yağ 12,6g, Toplam Karbonhidrat 4,9g, Protein 1,2g, Şeker 0,3g, Sodyum 588mg

Lezzetli porsiyon yulaf lapası

Porsiyon: 2

Pişirme süresi: 30 dakika

İçindekiler:

½ bardak su

1 bardak badem sütü, şekersiz

½ bardak amaranth

1 armut, soyulmuş ve küp şeklinde kesilmiş

½ çay kaşığı tarçın tozu

¼ çay kaşığı rendelenmiş taze zencefil

Bir tutam hindistan cevizi tozu

1 çay kaşığı akçaağaç şurubu

2 yemek kaşığı kıyılmış ceviz

Belirteçler:

1. Suyu ve badem sütünü bir tencereye koyun, orta ateşte koyun, amarantı ekleyin, karıştırın ve 20 dakika pişirin.

Armut, tarçın, zencefil, hindistan cevizi ve akçaağaç şurubunu ekleyip karıştırın.

10 dakika daha pişirin, kaselere paylaştırın ve üzerine ceviz serperek servis yapın.

2. İyi eğlenceler!

<u>Beslenme bilgileri:</u>kalori 199, yağ 9, lif 4, karbonhidrat 25, protein 3

Krem Peynirli Badem Unlu Krep

Porsiyon: 2

Pişirme süresi: 18 dakika

İçindekiler:

½ su bardağı badem unu

1 çay kaşığı eritritol

½ çay kaşığı tarçın

2 ons krem peynir

2 organik yumurta

1 yemek kaşığı tuzsuz tereyağı

Belirteçler:

1. Krep hamurunu hazırlayın ve bunun için unu blendera koyun, diğer malzemeleri ekleyin ve pürüzsüz hale gelinceye kadar 2 dakika karıştırın.

2. Hamuru bir kaseye dökün ve 3 dakika dinlendirin.

3. Daha sonra büyük bir kızartma tavası alın, orta ateşe koyun, tereyağını ekleyin ve eriyince hazırlanan krep hamurunun ¼'ünü dökün.

4. Hamuru tavaya eşit şekilde yayın, her iki tarafı da altın rengi kahverengi olana kadar 2 dakika pişirin, ardından krepi bir tabağa aktarın.

5. Kalan hamurla aynı şekilde üç krep daha pişirin ve piştikten sonra krepleri en sevdiğiniz meyvelerle servis edin.

<u>Beslenme bilgileri:</u>Kalori 170, Toplam Yağ 14,3g, Toplam Karbonhidrat 4,3, Protein 6,9g, Şeker 0,2g, Sodyum 81mg

Keten Tohumlu ve Kenevir Tohumlu Peynirli

Muffin Porsiyon: 2

Pişirme süresi: 30 dakika

İçindekiler:

1/8 su bardağı keten tohumu unu

¼ bardak çiğ kenevir tohumu

¼ bardak badem unu

tatmak için tuz

¼ çay kaşığı kabartma tozu

3 organik yumurta, dövülmüş

1/8 bardak besleyici maya gevreği

¼ bardak süzme peynir, az yağlı

¼ bardak rendelenmiş parmesan

¼ bardak arpacık soğanı, ince dilimlenmiş

1 yemek kaşığı zeytinyağı

Belirteçler:

1. Fırını açın, 360°F'a ayarlayın ve ön ısıtmaya bırakın.

2. Bu arada iki ramekin alın, yağla yağlayın ve ihtiyaç duyulana kadar bir kenara koyun.

3. Orta boy bir kase alın, keten tohumlarını, kenevir tohumların ve badem ununu ekleyin ve pürüzsüz hale gelinceye kadar tuz ve maya ekleyin.

4. Yumurtaları başka bir kaseye kırın, kabartma tozu, ricotta peyniri ve parmesanı ekleyin, birleşene kadar iyice karıştırın, ardından karışımı badem unu karışımıyla birleşene kadar karıştırın.

5. Arpacık soğanları ekleyin, karışımı hazırlanan ramekinlerin arasına dağıtın ve muffinler sertleşene ve üstleri altın rengi kahverengi olana kadar 30 dakika pişirin.

6. Bittiğinde muffinleri kalıplardan çıkarın ve tel ızgara üzerinde tamamen soğumasını bekleyin.

7. Yemeği hazırlamak için her muffini kağıt havluya sarın ve otuz dört güne kadar buzdolabında saklayın.

8. Yemeye hazır olduğunuzda, muffinleri mikrodalgada ılık olana kadar ısıtın ve ardından servis yapın.

<u>Beslenme bilgileri:</u>Kalori 179, Toplam Yağ 10,9g, Toplam Karbonhidrat 6,9g, Protein 15,4g, Şeker 2,3g, Sodyum 311mg

Peynir ve frenk soğanı ile karnabahar waffle

Porsiyon: 2

Pişirme süresi: 15 dakika

İçindekiler:

1 su bardağı karnabahar çiçeği

1 kaşık kıyılmış frenk soğanı

½ çay kaşığı öğütülmüş karabiber

1 çay kaşığı soğan tozu

1 çay kaşığı sarımsak tozu

1 su bardağı rendelenmiş mozarella

½ su bardağı rendelenmiş parmesan

2 organik yumurta, dövülmüş

1 yemek kaşığı zeytinyağı

Belirteçler:

1. Waffle makinesini açın, yağla yağlayın ve ön ısıtmaya bırakın.

2. Bu arada waffle hamurunu hazırlayın ve bunun için tüm malzemeleri bir kaseye koyun ve iyice birleşene kadar çırpın.

3. Hamurun yarısını sıcak waffle makinesine dökün, kapağını kapatın ve altın rengi oluncaya kadar pişirin.

4. Waffle'ı çıkarın ve kalan hamuru kullanarak aynı şekilde başka bir waffle pişirin.

5. Yemeği hazırlamak için waffle'ları hava geçirmez bir kaba koyun, parşömen kağıdıyla ayırın ve dört güne kadar saklayın.

<u>Beslenme bilgileri:</u>Kalori 149, Toplam Yağ 8,5g, Toplam Karbonhidrat 6,1g, Protein 13,3g, Şeker 2,3g, Sodyum 228mg

Kahvaltı Sandviçleri

Porsiyon: 1

Pişirme süresi: 7 dakika

İçindekiler:

1 dondurulmuş kahvaltı

Belirteçler:

1. Sandviçi 340 derece F'de 7 dakika kızartın.

Lezzetli vejetaryen kekler

Porsiyon: 5

Pişirme süresi: 18-23 dakika

İçindekiler:

¾ su bardağı badem unu

½ çay kaşığı karbonat

¼ bardak peynir altı suyu protein konsantresi tozu

2 çay kaşığı taze dereotu, doğranmış

tatmak için tuz

4 büyük organik yumurta

1 ½ yemek kaşığı besin mayası

2 çay kaşığı elma sirkesi

3 yemek kaşığı taze limon suyu

2 yemek kaşığı hindistancevizi yağı, eritilmiş

1 su bardağı hindistan cevizi yağı, yumuşatılmış

1 demet arpacık soğanı, doğranmış

2 orta boy havuç, soyulmuş ve rendelenmiş

½ su bardağı doğranmış taze maydanoz

Belirteçler:

1. Fırını önceden 350 derece F'ye ısıtın. Büyük muffin kalıbınızın 10 fincanını yağlayın.

2. Büyük bir kapta unu, kabartma tozunu, protein tozunu ve tuzu birlikte çırpın.

3. Başka bir kapta yumurtaları, besin mayasını, sirkeyi, limon suyunu ve yağı ekleyip iyice karışana kadar çırpın.

4. Hindistan cevizi yağını ekleyin ve pürüzsüz hale gelinceye kadar çırpın.

5. Yumurta karışımını un karışımına ekleyin ve iyice karıştırın.

6. Arpacık soğanı, carrés ve maydanozu ekleyin.

7. Amalgamı hazırlanan muffin kalıplarına eşit şekilde yerleştirin.

8. Yaklaşık 18-23 dakika veya ortasına batırdığınız kürdan temiz çıkana kadar pişirin.

Beslenme bilgileri:Kalori: 378, Yağ: 13 gr, Karbonhidrat: 32 gr, Lif: 11 gr, Protein: 32 gr

Kabaklı krepler

Porsiyon: 8

Pişirme süresi: 6-10 dakika

İçindekiler:

1 su bardağı nohut unu

1 1/2 bardak su, bölünmüş

¼ çay kaşığı kimyon tohumu

¼ çay kaşığı acı biber

¼ çay kaşığı öğütülmüş zerdeçal

tatmak için tuz

½ bardak kabak, rendelenmiş

½ bardak kırmızı soğan, ince doğranmış

1 yeşil biber, çekirdeği çıkarılmış ve ince doğranmış

¼ bardak taze kişniş, doğranmış

Belirteçler:

1. Büyük bir kaseye unu ve 3/4 bardak suyu ekleyin ve pürüzsüz hale gelinceye kadar çırpın.

2. Kalan suyu ekleyin ve pürüzsüz hale gelinceye kadar karıştırın. 3. Soğanı, zencefili, serrano biberini ve kişnişi ekleyin.

4. Yapışmaz bir kızartma tavasını yağla hafifçe yağlayın ve orta-düşük ateşte ısıtın.

5. Karışımın yaklaşık ¼ fincanını ekleyin ve tavaya eşit şekilde dağıtmak için tavayı eğin.

6. Yaklaşık 4-6 dakika pişirin.

7. Dikkatlice taraflarını değiştirin ve yaklaşık 2-4 dakika pişirin.

8. Kalan karışımı kullandıkça aynı işlemi tekrarlayın.

9. İstenilen garnitürle servis yapın.

<u>Beslenme bilgileri:</u>Kalori: 389, Yağ: 13g, Karbonhidrat: 25g, Lif: 4g, Protein: 21g

Yumurta ve avokadolu burger

Porsiyon: 1

Pişirme süresi: 5 dakika

İçindekiler:

1 olgun avokado

1 merada yetiştirilen yumurta

1 dilim kırmızı soğan

1 dilim domates

1 marul yaprağı

Süslemek için susam tohumları

tatmak için tuz

Belirteçler:

1. Avokadoyu soyun ve çekirdeğini çıkarın. Avokadoyu ikiye bölün. Bu bir sandviç görevi görecek. Kenara koymak.

2. Tavayı orta ateşte yağlayın ve yumurtayı 5 dakika veya katılaşana kadar kızartın.

3. Kahvaltı burgerini yumurta, kırmızı soğan, domates ve marul yaprağıyla birlikte avokado yarısının üzerine yerleştirerek birleştirin.

4. Kalan avokado ekmeğini üstüne ekleyin.

5. Üstünü susamla süsleyin ve tuzla tatlandırın.

<u>Beslenme bilgileri:</u>Kalori 458 Toplam Yağ 39g Doymuş Yağ 4g Toplam Karbonhidrat 20g Net Karbonhidrat 6g, Protein 13g Şeker: 8g Lif: 14g Sodyum: 118mg Potasyum 1184mg

Lezzetli ve kremalı ıspanak

Porsiyon: 2

Pişirme süresi: 12 dakika

İçindekiler:

½ su bardağı badem unu

½ çay kaşığı sarımsak tozu

½ çay kaşığı tuz

1 organik yumurta

1 1/2 yemek kaşığı krema

¼ bardak beyaz peynir, ufalanmış

½ yemek kaşığı zeytinyağı

Belirteçler:

1. Fırını açın, sıcaklığı 350°F'a ayarlayın ve ön ısıtmaya bırakın.

2. Bu arada kurabiye hamurunu hazırlayın.Bunu yapmak için tüm malzemeleri blendera koyun ve pürüzsüz hale gelinceye kadar 2 dakika karıştırın.

3. Kurabiyeleri hazırlayın ve bunun için hazırlanan hamuru çalışma yüzeyine koyun ve 1 cm'lik toplar haline getirin.

4. Bir fırın tepsisi alın, yağla yağlayın, üzerine kurabiyeleri birbirinden belirli bir mesafeye yerleştirin ve pişip altın rengi oluncaya kadar 12 dakika pişirin.

5. Hazır olduğunuzda, kurabiyeleri 5 dakika boyunca tavada soğumaya bırakın, ardından tamamen soğuması için tel ızgaraya aktarın ve servis yapın.

<u>Beslenme bilgileri:</u>Kalori 294, Toplam Yağ 24g, Toplam Karbonhidrat 7,8g, Protein 12,2g, Şeker 1,1g, Sodyum 840mg

Elmalı Tarçınlı Özel Yulaf

Porsiyon: 2

İçindekiler:

1 doğranmış elma

2 yemek kaşığı. Chia tohumları

½ yemek kaşığı. toz tarçın

½ çay kaşığı. Saf vanilya özü

1¼ c. yağsız süt

Kaşer tuzu

1 c. eski moda yulaf ezmesi

2 çay kaşığı. Bal

Belirteçler:

1. Yulaf, chia tohumu veya öğütülmüş keten tohumu, süt, tarçın, bal veya akçaağaç şurubu, vanilya özü ve tuzu iki kavanoza bölün.

Kapakları üstüne sıkıca yerleştirin ve tamamen karışana kadar çalkalayın.

2. Kapakları çıkarın ve doğranmış elmanın yarısını her kavanoza koyun.

İsterseniz daha fazla tarçın serpin. Kavanozların kapaklarını değiştirin ve en az 4 saat veya gece boyunca buzdolabında saklayın.

3. Gece boyunca yulafı bireysel kaplarda buzdolabında 3 güne kadar saklayabilirsiniz.

<u>Beslenme bilgileri:</u>Kalori: 339, Yağ: 8 gr, Karbonhidrat: 60 gr, Protein: 13 gr, Şeker: 15 gr, Sodyum: 161 mg.

Yumurta ve sebzeler (antiinflamatuar bomba)

Porsiyon: 4

Pişirme süresi: 35 dakika

İçindekiler:

Yeni patates, dörde bölünmüş - 10 oz.

Kıyılmış kabak - 1

Kıyılmış sarımsak - 2 diş

Kıyılmış kırmızı biber - 1

Kıyılmış sarı biber - 1

Yeşil soğan, doğranmış - 2

Sızma zeytinyağı – 2 yemek kaşığı

Deniz tuzu - 0,75 çay kaşığı

Kırmızı biber gevreği - 0,5 çay kaşığı

Yumurtalar, büyük - 4

Karabiber, öğütülmüş - 0,25 çay kaşığı

Belirteçler:

1. Dörde bölünmüş patatesleri büyük bir tencerede tuzlu suda yumuşayana kadar yaklaşık altı ila sekiz dakika kaynatın. Suyu boşaltarak bunları boşaltın.

2. Dörde bölünmüş yeni patatesleri biber, kabak, sarımsak ve zeytinyağıyla birlikte geniş bir tavaya ekleyin. Yumurta karışımı baharatını üstüne serpin ve sebzeler altın rengi kahverengi olana kadar yaklaşık sekiz ila on dakika kadar soteleyin.

Eşit şekilde pişmesi için karışımı her birkaç dakikada bir iyice karıştırdığınızdan emin olun.

3. Sebzeler hazır olduğunda, yumurtaların girebileceği dört krater veya oyuk oluşturmak için bir kaşık kullanın. Yumurtaları kraterlere, krater başına bir yumurta olacak şekilde kırın. Tavayı kapatın ve yumurtaların beğeninize göre pişene kadar yaklaşık 4 ila 5 dakika pişmesine izin verin.

4. Sebze tavasını ocaktan alın, üzerine frenk soğanı serpin ve henüz sıcakken kıymanın yumurtayla birlikte tadını çıkarın.